東アジアとアセアン諸国の
コーポレート・ガバナンス

三和 裕美子 [編著]

税務経理協会

序　文

　本書は，明治大学国際総合研究所が一般財団法人企業活力研究所からの委託を受け，2014年度〜2015年度に「ASEANを中心とした新興国のコーポレート・ガバナンス」について調査・研究を行った成果をまとめたものである。研究会では内外の研究者を招き，韓国・中国・台湾・シンガポール，タイ，マレーシア，ベトナム，インドネシアのコーポレート・ガバナンスについての議論を行った。本書では，これらの議論と現地調査を踏まえ，上記8か国と日本のコーポレート・ガバナンスに関する事項をまとめた。日本のコーポレート・ガバナンスについては，2012年度〜2013年度に行った同委託研究に基づいている。

　2015年末に「ASEAN経済共同体（AEC）」が発足したが，今後市場統合に向けた動きが加速することが予想される。IMFは，ASEAN 10か国の2015年の名目GDPを3兆ドル，一人当たりGDPを4,600ドル，人口を6.4億人と予測した。今やASEAN諸国には豊富な労働力と旺盛な内需をめがけて外資系企業が投資の拡大を続けている。ASEAN 10か国に韓国，中国，台湾，日本を合わせた東アジアの全世界における人口およびGDPはそれぞれ約30％，20％を占め，世界において経済的にも，社会的にも強い影響力を有している。

　日本企業は2008年のリーマン・ショックを契機にASEAN諸国への投資を質量ともに増やしており，これらの国々の企業のM&Aにも高い関心を寄せている。近年においてはASEAN諸国の賃金が上昇し，生産地としての魅力は薄れる一方，消費大国としての魅力が急速に高まっている。特に，日中関係，日韓関係が悪化した2012年頃から，日本の金融機関の間では，金融商品の買い手として，ASEANの注目度が一気に高まっている。このように日本の金融機関や製造業にとって，ASEAN諸国への進出は重要なファクターであり，各国の法規制やコーポレート・ガバナンスに関する情報は重要である。

　さらに，ASEAN域内経済統合に向けた動きも加速している。AECにおい

ては，当初は市場統合，貿易を中止とした経済統合が想定されていたが，金融市場のグローバル化の進展とともに，金融統合も視野にいれた動きが見られる。例えば，資本の流出入に関する規制を一定レベルまで下げるなどの方向性が打ち出されている。また，金融サービスに関して，ASEANの銀行ライセンスを統合・標準化するタスクフォースや支払い決済システムの標準化・共通化へ向けた取り組みも始まっている。

証券市場に関してはASEAN EXCHANGE（アセアン証券取引所）構想がある。これはASEAN 6 か国（インドネシア，フィリピン，シンガポール，マレーシア，タイ，ベトナム）の計7証券取引所をシステムで結び，相互に取引注文を回送するものである。売買できる証券は各取引所の主要30銘柄で，計210銘柄のASEAN主要銘柄で構成するASEAN Starsというインデックスをダウや日経平均に並ぶ存在に押し上げようという取り組みもある。その他にも，会計基準の統合や，債券市場の共通基盤となる破綻処理の制度や法律など，格付けや会計の基準をASEAN共通にしようという取り組みもある[1]。

コーポレート・ガバナンスに関しては主要なASEAN諸国は各国独自の「コーポレートガバナンス・コード」を制定しているが，上記のように金融・証券市場も統合に向けた共通化・標準化の動きができている今日，コーポレート・ガバナンスの共通コードも視野に入れて考える必要があろう。

わが国においても2015年が「コーポレート・ガバナンス改革元年」と呼ばれるように，コーポレート・ガバナンスに関する制度は大きく変革している。そこで，本書においては，まずわが国のコーポレート・ガバナンス改革の現状と課題について述べ，アセアン5か国と東アジア諸国のコーポレート・ガバナンスに関する法制度，会計・監査制度，金融市場などに関する包括的な情報を提供する。

各国の調査項目は以下の通りとした。

1　企業環境・・・証券市場，上場企業，コーポレート・ガバナンスに関する規制，外資系企業の進出状況，それに関する規制の概要
2　内部統制システム・・・機関設計，株主総会，取締役の構成と規定，ス

テークホルダーの概要
  3　外部ガバナンス・・・主要プレーヤー，情報開示，株主行動主義，エンゲージメント，M&Aの概要
  4　社会における企業・・・企業の社会的責任，腐敗状況などの概要，Good practice（良い事例）

　第1章では，コーポレート・ガバナンスの国際比較研究の意義について考察する。コーポレート・ガバナンスの型は大きく分けて市場経済をベースにした英米型と大株主，銀行を中心とした型に分類される。日本を含むアジア諸国のコーポレート・ガバナンスは後者に分類される。1980年代以降，アメリカで中心となった契約理論をベースにしたアプローチにおいては，各国のコーポレート・ガバナンスはアメリカ型に収斂すると考えられ，国ごとの違いが軽視されてきた。しかし，アメリカにおいても，コーポレート・ガバナンスの社会学的アプローチが出現するなど，株主価値極大化説の批判的検討がなされている。現在，日本を含むアジア諸国のコーポレート・ガバナンスはアメリカ型に向かう改革を行っているが，その国の権力構造や制度，様々な利害関係者間の権力闘争など考察することがより重要であると考える。

　第2章では，わが国コーポレート・ガバナンス改革の現状と課題について論ずる。わが国においては，バブル崩壊後長らく株価の低迷，そしてその後のリーマンショックを契機とした長期景気低迷が続いてきた。このような流れの中で2012年に誕生した第二次安倍政権によって，いわゆるアベノミクス政策の一つとしてコーポレート・ガバナンス改革，「攻めのガバナンス」が掲げられた。2014年に入ると，日本企業の業績，資本効率，収益性の低さや企業価値の持続的成長についての議論が高まった。本章では，こうしたコーポレートガバナンス改革を考察するとともに，わが国企業特有の問題点を指摘している。

　第3章から第10章においては韓国，中国，台湾とASEAN 6か国のコーポレート・ガバナンスについて論じている。

　第3章の韓国においては，1997年経済危機，その後のIMF構造調整策を契機にOECDが求めるコーポレート・ガバナンス原則に沿い，証券業界，企業

セクター,学会,市民団体および関連研究機関を代表する者で構成された「コーポレート・ガバナンス委員会（企業支配構造改革委員会）」が設立された。コーポレートガバナンス・コードに類する「コーポレート・ガバナンスに対する最善の実務（The Code of Best Practice for Corporate Governance）」（または「企業支配構造模範基準」と呼ばれる）が取り決められ，商法や証券取引法などの改正に影響を与えた。2003年版同規定では，株主，取締役会，監査システム，ステークホルダー，市場による経営の監視によって構成され，コーポレート・ガバナンス・システムに対する指針と要請を提起された。内部統制においても，委員会制度を導入するなど，アジア諸国の中でも早い段階からアメリカ型のガバナンスを取り入れている。

　また，企業のESG（環境・社会・ガバナンス）評価モデルを導入し，企業をレーティングするなど取り組みが進んでいる。しかし，韓国においては，未だ「財閥」が大きな影響力をもっており，コーポレート・ガバナンスの課題も「財閥」に集約される。それは，戦後奇跡的な経済発展を遂げた韓国が，その過程において財閥に依存してきた結果でもある。韓国4大財閥が世界的企業となっている今日，コーポレート・ガバナンスの実質的グローバル化をどのように担保するかが今後の課題であろう。

　第4章，中国のコーポレート・ガバナンスの歴史は，1980年代からの国有企業改革の一環として始まった。1993年の会社法制定によって統一的な基盤が与えられた。証券取引は1990年に上海証券取引所が創設され，翌年に深セン証券取引所が営業を開始して，本格的に開始された。コーポレート・ガバナンスに関する規定としては，2002年の「上場会社のコーポレートガバナンス・コード」，2006年の「上場会社の株主総会規則」，2007年の「上場会社の情報開示基準」などがある。

　中国におけるコーポレート・ガバナンス規定は，株式会社の浅い歴史からすれば非常に早い段階で作られたといえる。これは，開発主義的志向の強い共産党政府の強力なイニシアティブの下で進められてきた。しかし，現在も中国政府は国内株式の非流通株を保有し，様々な企業の大株主としての立場を有する。

近年，これらの非流通株の一部が機関投資家に売却されてはいるものの，未だ国家の保有比率は大きい。こうした国家と企業との癒着関係の中で，国家官吏の直接的な企業への影響が懸念されている。企業役員が共産党党員としての立場を兼務するために企業自体の成長や質の向上よりも雇用の確保などの党組織の社会的な目標などが優先される場合がある。コーポレートガバナンス・コードにステークホルダーの利益重視を謳っている点が中国の特徴である。

　第5章の台湾のコーポレート・ガバナンスの特徴としては，日本の影響が強いこと，株主保有構造に占める個人株主の比率が非常に高いことなどがあげられる。台湾におけるコーポレート・ガバナンス改革は1998年以降の一連の企業倒産，企業グループ間企業同士，あるいは創業者一族などの大株主の企業への介入問題などを契機としている。この後，2000年代初頭に監査役の強化，独立取締役・独立監査役などが導入された。また，台湾のコーポレート・ガバナンスを担う外部機関として投資者保護センター（SFIPC）の役割が大きい。この機関は証券投資家の関連法令の問い合わせ業務や不服申し立て，株主集団訴訟の代理提起および訴訟費用の負担などを行っている。いわば，個人投資家の利益を守る役割を担っている。同機関は有価証券虚偽記載，相場操縦，インサイダー取引など個人投資家が立証することが困難な問題を扱っており，コーポレート・ガバナンスの外部統制機関として有効に機能しているといえる。

　第6章のシンガポールのコーポレート・ガバナンスの法的体系に関してはイギリスのコモン・ローに依拠するところが多い。同国のコーポレート・ガバナンス対する規制としては，会社法と「ベスト・オブ・プラクティス（シンガポールではコード・オブ・コーポレート・ガバナンス（Code of Corporate Governance：CCG）という）がある。各企業は，年次報告書（annual report）を通じてこのCCGの遵守状況を上場会社に開示させ，遵守していない場合には説明を求める規制手法comply or explain ruleが採用されている。会社法では，イギリスと同様に，取締役会に関する規定はほとんど設けておらず，取締役会をどのような機関とするかは定款自治に委ねられている。ゆえに，会社の運営指針においてはCCGが重要な役割を担っており，CCGによって，取締役会が監督機関

として機能するよう，業務執行者および会社と利害関係を有しない独立取締役の導入が奨励してきた。その結果，シンガポールの上場会社の多くは，独立取締役の導入を含めCCGで示された基準を遵守しており，投資家にとって透明性・健全性が高い市場といわれている。ただ課題として，国内主要産業の重要な部分を占める政府系企業（GLCs）のコーポレート・ガバナンスの透明性を確保することがあげられる。

第7章のタイのコーポレート・ガバナンスは同国の証券市場の発達とともに，近年進展が目覚ましい。タイの証券取引所は，2020年には現在の約2倍に拡大する見通しで，シンガポール証券取引所に比肩するほどの規模になるとみられる。このため同国では，アジア諸国でも比較的早い段階の2006年に，上場企業に対するコーポレート・ガバナンス原則が制定されている。また，タイ証券取引委員会の規定により，上場企業はすべて外部取締役としての独立取締役の設置が義務付けられている。機関設計も委員会設置型をとっている。

タイにおけるコーポレート・ガバナンスの課題は，「ファミリービジネス」である。確かに，迅速な意思決定などは経営戦略の強みであるが，家族企業であるがゆえに，ひとつの問題が関連する会社に多大な影響を与えてしまうことは避けられない。タイに限らず，戦後に急速な発展を遂げてきたアジア新興諸国に共通することである。コーポレート・ガバナンスに対する健全な運営の共通理解が急がれる。ASEANでは，経済共同体としてようやく取り組まれてきており，今後が期待される。

第8章では，マレーシアのコーポレート・ガバナンスについて論じている。

マレーシアの証券取引上場企業数は，2016年3月時点でメイン・マーケット811社とシンガポールなどと比べても多いことが特徴である。ASEAN諸国の中ではもっとも多い。マレーシアでは，1997年のアジア経済危機からの早期回復のため，早い時期から公開企業のコーポレート・ガバナンスの改善・強化が国家的な最優先課題として掲げられた。2000年には財務省主導で，コーポレート・ガバナンス・コードが公表された。同コードは2007年に改正され，取締役の資格要件，取締役会や監査委員会の構成，独立取締役，指名委員会および監

査委員会の役割が詳細に規定された。さらに，近年の資本市場マスタープラン2（Capital Market Masterplan 2）が公表され，コーポレート・ガバナンス強化の方向性が打ち出され，取締役の説明責任の強化，株主および利害関係者の積極的な関与などが求められている。

　このようにコーポレート・ガバナンスに関する自主規制が整ってきているが，上場企業においては，所有と経営の分離していない家族経営企業が多く，主要株主の企業経営への影響が大きく，とくに取締役会や監査委員会の構成に問題がある。上場企業全体としては，コーポレート・ガバナンスの改善に積極的に取り組んではいるものの，現時点ではガバナンス規程の形式的な遵守にとどまっている。

　第9章では，ベトナムのコーポレート・ガバナンスについて論じている。

　ベトナムの証券市場はまだ浅く，設立後約15年しか経過していない。したがって，コーポレート・ガバナンスに関する主要規制についても，近年整備され始め，2015年に統一企業法が施行されたばかりである。現在内部統制システムは，従来の監査役会設置型と委員会設置型のどちらかを選択できるようになっている。

　国営企業の株式会社化が進められ，また大胆な外資規制の緩和などにより市場化がより一層進展したベトナムの企業環境は，今後も進化を続けるものと考えられる。しかし，市場化を進めた場合のリスクをコントロールする方法については環境問題などの例外を除き真剣な取り組みがなされているとは言えない状況にある。

　企業行動のリスクについてはまさにコーポレート・ガバナンス体制の整備がリスクヘッジの方法であることを考えれば，内部統制システムをはじめとした各種改革を行っていく必要性が急速に高まっているともいえる。しかし，国内における非公開企業の多さなど，規制を行うとしても有効な方法を編み出すためには課題が多い。人的資源また投資環境において優位にあるベトナム経済は日本企業とっても魅力的なものとして捉えられよう。今後より両国企業の関係性を深めるに当たっては，以上のような状況を踏まえ，今後のより良い企業環

境の実現に寄与するようなかたちを取ることができるよう慎重な対応が求められている。

　第10章では，インドネシアのコーポレート・ガバナンスについて論じている。

　インドネシア独立後の株式市場の歴史は未だ浅く，本格的に証券市場が展開されたのは1980年代後半からであった。上場企業数もその他のアセアン諸国と比較して少ない。コーポレート・ガバナンスに関する法規制も十分に整備されているとは言えず，会社法において最低限の法規制が定められているものの，会社定款次第で権限に大きなばらつきが出てしまう状況にある。また，大株主の存在により経営の中枢が握られ，コーポレート・ガバナンスに悪影響を与えているばかりか一般株主の主権も限定している側面があると言える。

　現在，インドネシアは順調な経済成長を遂げており，その圧倒的な人口規模からも，アジアにおける経済成長を牽引するものとして期待を集め，日系企業の進出も増加傾向にある。今後欧米の多国籍企業の進出も見込まれることなどから，同国におけるコーポレート・ガバナンス改善は喫緊の課題である。インドネシア金融庁をはじめ，コーポレート・ガバナンス強化の姿勢を鮮明に打ち出していることは評価できる点である。監督機能としては未だに不十分であると指摘があるものの，継続的にコーポレート・ガバナンスの改善に向けた対応策を内外に発信していることに鑑みても，インドネシアは，「今後アジア地域における資本市場のセンターに成長する」という同国に対する世界の期待を的確に認識しており，その要望に応えようと模索していることがうかがえる。

　最後に研究会においてご報告頂いた，森口聡氏（長島・大野・常松法律事務所弁護士），茅野みつる氏（伊藤忠商事株式会社　執行役員兼法務部長　カリフォルニア州弁護士），王東明氏（大阪市立大学創造都市研究科　准教授），中村みゆき氏（創価大学経営学部　教授），キム・ジュンギ氏（延世大学法学専門大学院　教授），蔡英欣氏（台湾大学法律学院　副教授），羽場久美子氏（青山学院大学国際政治経済学部　教授），福井信雄氏（長島・大野・常松法律事務所シンガポール・オフィス　弁護士），Dr. Bui Xuan Hai（HCMC University of Law, Arbitrator, Vietnam International Arbitration Center, Vice President）に感謝を申し上げる。

(注)
1) 関雄太（2013）「アジアの資本市場整備と日本－ASEAN諸国の状況を中心に－」，2013年12月18日日本証券アナリスト協会講演資料，1ページ。

目　　次

序　　文

第1章　コーポレート・ガバナンス国際比較研究の意義 ………3

1　コーポレート・ガバナンスの型 ………………………3
2　経営者主義アプローチ …………………………………5
3　「契約の束」アプローチ …………………………………5
4　社会学的アプローチ ……………………………………7

第2章　日本のコーポレート・ガバナンス改革の現状と課題
　　　　－経営現場の視点で問題の底流を考える－ ……………11

1　コーポレート・ガバナンスを改革する機運の高まり ……11
2　資本効率・収益性の低さと株式市場の低迷 ……………13
3　コーポレート・ガバナンスと日本企業の特質 …………14
　(1)　戦前の株式会社と企業経営の特徴 …………………14
　(2)　戦後の企業経営 ………………………………………15
4　経営者意識改革と日本版スチュワードシップ・コード …17
5　日本のコーポレート・ガバナンス改革 …………………19
6　日本のコーポレート・ガバナンスの基本設計 …………21
7　日本企業の特質 …………………………………………23
8　独立社外取締役について ………………………………26
9　各企業のコーポレート・ガバナンス体制の設計と
　運用にあたって …………………………………………28

10　コーポレート・ガバナンス"企業の中長期的発展に
　　　向けて" ……………………………………………………30

第3章　韓国のコーポレート・ガバナンス …………………33

　1　企業環境 ………………………………………………33
　　⑴　基本情報 …………………………………………33
　　⑵　主要証券市場および上場会社の概要 …………34
　　⑶　コーポレート・ガバナンスに関わる規制および規制主体 …39
　　⑷　外資系企業の進出状況，規制 …………………41
　2　内部統制システム ……………………………………44
　　⑴　機関設計 …………………………………………44
　　⑵　株主総会 …………………………………………46
　　⑶　取締役会の構成と規定 …………………………47
　3　外部ガバナンス ………………………………………48
　　⑴　主要なプレイヤー ………………………………48
　　⑵　情報開示 …………………………………………51
　　⑶　株主行動主義の状況 ……………………………51
　　⑷　M＆A ……………………………………………52
　4　社会における企業 ……………………………………55
　　⑴　企業の腐敗状況 …………………………………55
　　⑵　社会的責任に対する考え方 ……………………57
　　⑶　Good practice（事例）…………………………58
　　⑷　国内外の問題意識 ………………………………61
　5　小括と課題 ……………………………………………62

目　次

第4章　中華人民共和国のコーポレート・ガバナンス …………67

1　企　業　環　境 ……………………………………………………67
(1)　基　本　情　報 …………………………………………………67
(2)　主要証券市場および上場会社の概要 ……………………………68
(3)　コーポレート・ガバナンスに関わる規制および規制主体 ……71
(4)　外資系企業の進出状況，規制 …………………………………72

2　内部統制システム ……………………………………………73
(1)　機　関　設　計 …………………………………………………73
(2)　株　主　総　会 …………………………………………………73
(3)　取締役会の構成と規定 …………………………………………74
(4)　従　業　員 ………………………………………………………75

3　外部ガバナンス …………………………………………………75
(1)　主要なプレイヤー ………………………………………………75
(2)　情　報　開　示 …………………………………………………77
(3)　株主行動主義，エンゲージメントの状況 ……………………78
(4)　M ＆ A …………………………………………………………79

4　社会における企業 ………………………………………………79
(1)　企業の腐敗状況 …………………………………………………79
(2)　社会的責任に対する考え方 ……………………………………81
(3)　Good practice（事例） …………………………………………82
(4)　国内外の問題意識 ………………………………………………83

5　小括と課題 ………………………………………………………83

第5章　台湾のコーポレート・ガバナンス …………………………85

1　企　業　環　境 ……………………………………………………85
(1)　基　本　情　報 …………………………………………………85

(2)　主要証券市場および上場会社の概要 …………………………86
　　(3)　コーポレート・ガバナンスに関わる規制および規制主体 ……88
　　(4)　外資系企業の進出状況，規制 ………………………………89
　2　内部統制システム ………………………………………………90
　　(1)　機 関 設 計 ……………………………………………………90
　　(2)　株 主 総 会 ……………………………………………………91
　　(3)　取締役会の構成と規定 ………………………………………92
　　(4)　従 業 員 ………………………………………………………93
　3　外部ガバナンス …………………………………………………93
　　(1)　主要なプレイヤー ……………………………………………93
　　(2)　情 報 開 示 ……………………………………………………96
　　(3)　株主行動主義，エンゲージメントの状況 …………………97
　　(4)　M ＆ A ………………………………………………………97
　4　社会における企業 ………………………………………………98
　　(1)　企業の腐敗状況 ………………………………………………98
　　(2)　社会的責任に対する考え方 …………………………………99
　　(3)　Good practice（事例） ………………………………………99
　　(4)　国内外の問題意識 …………………………………………100
　5　小括と課題 ……………………………………………………101

第6章　シンガポールのコーポレート・ガバナンス …………103

　1　企 業 環 境 ………………………………………………………103
　　(1)　基 本 情 報 …………………………………………………103
　　(2)　主要証券市場および上場会社の概要 ………………………104
　　(3)　コーポレート・ガバナンスに関わる規制および規制主体 ……105
　　(4)　外資系企業の進出状況，規制 ………………………………107

2　内部統制システム ……………………………………… 108
　　　(1)　機 関 設 計 ………………………………………… 108
　　　(2)　株 主 総 会 ………………………………………… 109
　　　(3)　取締役会の構成と規定 …………………………… 110
　　3　外部ガバナンス ………………………………………… 112
　　　(1)　主要なプレイヤー ………………………………… 112
　　　(2)　情 報 開 示 ………………………………………… 113
　　　(3)　株主行動主義の状況 ……………………………… 114
　　　(4)　M ＆ A …………………………………………… 114
　　4　社会における企業 ……………………………………… 115
　　　(1)　企業の特質 ………………………………………… 115
　　　(2)　社会的責任に対する考え方 ……………………… 117
　　　(3)　Good practice（事例）…………………………… 117
　　5　小括と課題 ……………………………………………… 119

第7章　タイのコーポレート・ガバナンス …………………… 121

　　1　企 業 環 境 ……………………………………………… 121
　　　(1)　基 本 情 報 ………………………………………… 121
　　　(2)　主要証券市場および上場会社の概要 …………… 122
　　　(3)　コーポレート・ガバナンスに関わる規制および規制主体 ……123
　　　(4)　外資系企業の進出状況，規制 …………………… 124
　　2　内部統制システム ……………………………………… 126
　　　(1)　機 関 設 計 ………………………………………… 126
　　　(2)　株 主 総 会 ………………………………………… 127
　　　(3)　取締役会の構成と規定 …………………………… 128
　　3　外部ガバナンス ………………………………………… 131
　　　(1)　主要なプレーヤー ………………………………… 131

(2) 情報開示 …………………………………………………… 132
　　(3) 株主行動主義の状況 ……………………………………… 134
　　(4) M & A ……………………………………………………… 135
　4　社会における企業 …………………………………………… 137
　　(1) 企業の特質 ………………………………………………… 137
　　(2) 社会的責任に対する考え方 ……………………………… 138
　　(3) Good practice（事例） …………………………………… 138
　5　小括と課題 …………………………………………………… 140

第8章　マレーシアのコーポレート・ガバナンス ……………… 143

　1　企業環境 ……………………………………………………… 143
　　(1) 基本情報 …………………………………………………… 143
　　(2) 主要証券市場および上場会社の概要 …………………… 144
　　(3) コーポレート・ガバナンスに関わる規制および規制主体 …… 146
　　(4) 外資系企業の進出状況，規制 …………………………… 148
　2　内部統制システム …………………………………………… 153
　　(1) 機関設計 …………………………………………………… 153
　　(2) 株主総会 …………………………………………………… 153
　　(3) 取締役会の構成と規定 …………………………………… 155
　　(4) 会計監査人 ………………………………………………… 156
　　(5) 会社秘書役 ………………………………………………… 157
　　(6) 従業員 ……………………………………………………… 157
　3　外部ガバナンス ……………………………………………… 157
　　(1) 株　　主 …………………………………………………… 157
　　(2) 少数株主 …………………………………………………… 158
　　(3) 情報開示 …………………………………………………… 159
　　(4) 株主行動主義，エンゲージメント ……………………… 159

(5) M ＆ A ……………………………………………………… 160
　4　社会における企業 ………………………………………………… 160
　　　(1) 企業の腐敗状況 ……………………………………………… 160
　　　(2) 社会的責任に対する考え方 ………………………………… 161
　　　(3) Good practice（事例）……………………………………… 162
　　　(4) 国内外の問題意識 …………………………………………… 163
　5　小括と課題 ………………………………………………………… 163

第9章　ベトナムのコーポレート・ガバナンス ……………… 169

　1　企 業 環 境 ………………………………………………………… 169
　　　(1) 基 本 情 報 …………………………………………………… 169
　　　(2) 主要証券市場および上場会社の概要 ……………………… 170
　　　(3) コーポレート・ガバナンスに関わる規制および規制主体 …… 172
　　　(4) 外資系企業の進出状況，規制 ……………………………… 173
　2　内部統制システム ………………………………………………… 174
　　　(1) 機 関 設 計 …………………………………………………… 174
　　　(2) 株 主 総 会 …………………………………………………… 176
　　　(3) 取締役会の構成と規定 ……………………………………… 176
　　　(4) 従 業 員 ……………………………………………………… 177
　3　外部ガバナンス …………………………………………………… 177
　　　(1) 主要なプレーヤー …………………………………………… 177
　　　(2) 情 報 開 示 …………………………………………………… 178
　　　(3) 株主行動主義，エンゲージメントの状況 ………………… 178
　　　(4) M ＆ A ……………………………………………………… 178
　4　社会における企業 ………………………………………………… 179
　　　(1) 企業の腐敗状況 ……………………………………………… 179
　　　(2) 社会的責任に対する考え方 ………………………………… 179

(3)　Good practice（事例） ………………………………… 180
　　　(4)　国内外の問題意識 ……………………………………… 180
　　5　小括と課題 ………………………………………………… 180

第10章　インドネシアのコーポレート・ガバナンス ………… 183

　　1　企業環境 …………………………………………………… 183
　　　(1)　基本情報 ……………………………………………… 183
　　　(2)　主要証券市場および上場会社の概要 ……………… 184
　　　(3)　コーポレート・ガバナンスに関わる規制および規制主体 … 186
　　　(4)　外資系企業の進出状況，規制 ……………………… 187
　　2　内部統制システム ………………………………………… 191
　　　(1)　機関設計 ……………………………………………… 191
　　　(2)　株主総会 ……………………………………………… 193
　　　(3)　取締役会の構成と規定 ……………………………… 193
　　　(4)　従業員 ………………………………………………… 194
　　3　外部ガバナンス …………………………………………… 194
　　　(1)　主要なプレーヤー …………………………………… 194
　　　(2)　情報開示 ……………………………………………… 196
　　　(3)　株主行動主義，エンゲージメントの状況 ………… 196
　　　(4)　M&A ………………………………………………… 197
　　4　社会における企業 ………………………………………… 197
　　　(1)　企業の腐敗状況 ……………………………………… 197
　　　(2)　社会的責任に対する考え方 ………………………… 198
　　　(3)　Good practice（事例） ………………………………… 198
　　　(4)　国内外の問題意識 …………………………………… 199
　　5　小括と課題 ………………………………………………… 199

目　次

索　引 …………………………………………………………… 205

東アジアとアセアン諸国の
コーポレート・ガバナンス

三和　裕美子 編著

第1章 コーポレート・ガバナンス
　　　　国際比較研究の意義

1　コーポレート・ガバナンスの型

　コーポレート・ガバナンスは，国際企業競争力の低下，企業不祥事の問題を契機として，また近年では，地球環境や人権問題と共にESG（Environment, Social, Governance）問題として議論されている。わが国においては，低いROEや企業の粉飾決算が問題としてあげられ，解決策として英米型のコーポレート・ガバナンスを目指す改革が進められてきた。主要なアジア諸国も同様の過程をたどっている。

　これまでの先行研究においては，コーポレート・ガバナンスのモデルとして，アングロサクソン型，ドイツを中心としたライン型，日本型など多様なモデルの存在が確認されてきた。このように多様なコーポレート・ガバナンスのモデルが議論とされてきた背景には，国境を越えたグローバルな資金移動が増加してきたことがある。1990年代よりアメリカの年金基金を中心とする機関投資家の対外投資が増加し，2000年代にはヘッジファンドの国際的な投資および株主アクティビスト活動が顕著になってきた。英米の機関投資家はアングロサクソン型のコーポレート・ガバナンスと同じ評価軸で，投資先企業のコーポレート・ガバナンスの評価を行うとともに，投資対象企業に対して「ものを言う」存在となってきた。こうしたグローバルな投資家の存在が大きくなるにつれ，アジア諸国においても英米型のコーポレート・ガバナンスを目標とする改革が行われてきた。

　周知のように，コーポレート・ガバナンスは英米のような市場経済をベースとしたシステムと日本を含むアジア諸国やドイツのような大株主の存在や銀行

を中心としたシステムに大きく二分される。なぜこのような違いがあるのか，これらのシステムは収斂していくのかという問題がコーポレート・ガバナンスの政治経済学分野において議論されてきた。

政治経済学の議論によれば，各国のコーポレート・ガバナンスの違いは，その国が採用している政策に影響される。換言すれば，国家が作成する法律は，コーポレート・ガバナンスを形作る。インサイダー取引の禁止，経営支配権のための活発な市場，少数株主保護，製品市場における競争政策や反トラストに係る実効的なルールを有する国においては，株式保有は分散し，株主が選出する取締役会を通じた経営監視システムがみられる。一方，銀行中心の間接金融，支配的企業グループや大株主の存在，株式持ち合いがみられる国においては，市場の規律は制限され，競争は限定的となり，少数株主保護は不十分なものとなる。このような政策の違いは，利害関係者団体や国家間の政治的な相違に由来する。利害関係者団体による法規制に対する「闘争」が繰り広げられた結果，また政治的・組織的な対立の結果，現在の法律ができ，この法律に影響されたコーポレート・ガバナンスが形づくられるとされる。

そもそもコーポレート・ガバナンスとは，企業の様々な意思決定に対して誰が責任と権限を持つか，またその配分をめぐる問題である。具体的にいえば，キャッシュフローを受け取るのは誰か，M&A，CEOの起用・解雇，下請け業者との関係，配当，自社株買い，設備投資について決定を下すのは誰か，という企業内の権力構造に関する話であり，また汚職行為や誤った資本の使用，業績不振について責任を負うのは誰かという説明責任の話でもある[1]。すなわち，これらに関する権力（Power）と説明責任（Accountability）の問題として捉えることができる。

この問題に対して経営学，経済学，法学，法と経済，また社会学分野において活発な議論がなされてきたが，コーポレート・ガバナンスが，政治的選択を反映するとの見方については標準的であるとはいえない。これまでの関連する議論を整理すると下記の3つに分類できる。

2　経営者主義アプローチ

　まず，Berle & Means（1932）の *The Modern Corporation and Private Property* において問題提起された経営者主義があげられる。

　株式会社の大規模化は，証券市場からの大規模な資金調達を必要とし，その結果として零細な株主が増加し，相対的にそれまでの大株主の持ち株比率は低下した。これにより「所有と経営の分離」が起きた[2]。この段階はManagerialism（経営者主義）と呼ばれている。大株主の支配から自由になった経営者は，株主の利益を最大化することではなく，自らの経営に対する欲望，特権，権力を追求することを第一目標とする可能性もある[3]。この理論は，1960年代までアメリカにおける支配的な株式会社論であった。

　ところが1970年代になると，「法と経済」分野の研究者が，経営者主義の合理性に疑問を持ち始めた。1970年代はSECの調査が示すように[4]，機関投資家の株式保有が増大し，「証券市場の機関化」現象が大きく取り上げられてきた時期でもある。「法と経済」の研究者は，なぜ合理的な投資家は，所有と経営が分離し，経営者がその資本を自己満足のために使うかもしれない企業に投資するのかと問うた。

3　「契約の束」アプローチ

　機関投資家のような合理的な投資家がなぜ，大規模な公開会社に投資をするのか。それは，株式会社は「契約の束」で成り立っており，その契約に基づいた監視を受け，経営者はそれに応える圧力を受けているからである[5]，と考えられる。このアプローチは，Coarse（1937）[6]，Jensen and Meckling（1976）[7]，Fama and Jensen（1983a, b）[8] などの経済学者によって展開された企業の契約理論をベースにしたものである。経営者は株主（出資者）から経営を委託されたエージェント（代理人）であり，コーポレート・ガバナンスは，出資者がそ

の投資収益を確保するシステムであるとするエージェンシー理論が隆盛となった。ここでは，株主がいかに経営者をコントロールするかが第一義的な問題となる[9]。株式市場は，常に企業パフォーマンスに関して継続的な評価を行っており，経営者はこの評価を常に意識して経営を行う必要がある。1970年代と80年代にこの理論は，公開会社の理論的基礎となった。公開会社の経営者は，「株主価値の最大化」を使命とし，それをコーポレート・ガバナンスの目標とした。そして株式市場は，経営者行動を瞬時に判断できるとされた[10]。

「契約の束」アプローチは，企業そのものの説明にとどまらず，会社法や証券取引法の機能を理解するためにも用いられてきた。企業に関連する法律は，株主価値最大化のための枠組み・機能として捉えられ[11]，経営者は株主価値を最大化するという観点から，法律や上場する市場をも選択することができる。こうしたアプローチは，1970年代に繰り広げられた証券市場間競争の理論的根拠ともなった[12]。また投資銀行，会計士，取締役会，テイクオーバー市場などの他の機関や制度も株主価値最大化のための機能として捉えられた。ここでは株式価格がすべての価値判断の基準となった。この根拠は効率的市場仮説にあった[13]。効率的市場仮説を根拠とした将来予測の市場は金融分野を超えて拡大している[14]。市場の効率性に疑問も提示されたが，株主価値の最大化を株式会社の究極的な目標とするこのアプローチは1980年代の支配的フレームワークになった。1980年代のM&A全盛時代，「法と経済」の研究者らは当時のレーガン政権に対して大きな影響を及ぼした。こうしてこれらの研究者は，株主価値最大化のコーポレート・ガバナンス像の拡大に大きく貢献した[15]。

しかしこのアプローチでは，国ごとのコーポレート・ガバナンスの違いが生じる理由を説明できない。また同アプローチは，企業収益や株価が操作されることはないと仮定している点，また報酬などの外発的動機付けに基づいた経営者像と株主のみを前提とし，その他のステークホルダーは考慮していないなどの問題点も持っていた。こうした問題点を踏まえ，株主価値最大化理論の影響を分析することが，主に社会学や政治学の分野において研究課題となっていった。この背景には，金融取引が地球規模で行われ，しかも実態取引を大きく上

回る，いわゆる金融肥大化の時代において，金融市場が社会分析の焦点として捉えられるようになったことがある。

しかし，効率的市場仮説の現実社会への影響は，1980年代にむしろ強まり，株式会社は株主価値創造を唯一の目的として運営されるべきであるという説が，投資家，経営者，政策当局間に当然のように認識されていった。

4　社会学的アプローチ

一方1980年代には市場のアノマリーが発見され，市場投資家の心理を研究する「行動ファイナンス」が注目されるようになった[16]。「契約の束」アプローチが，社会構造や政治の影響を排除した世界を描いていたのに対して，組織論や社会学の分野においては，効率的市場仮説に対する批判的検討がなされてきた。

例えばRoy（1997）[17]は，歴史的に株式会社を考察し，現代アメリカ株式会社の本質的な特徴を形作るものとして政治的，法律的側面を強調した。このような理論は，従来の効率的市場仮説に対して，Power Theory（権力理論）と呼ばれている。

1990年代後半には，社会学の研究者達は狭義のコーポレート・ガバナンスに焦点を当て実証的に効率的市場仮説批判を展開していった。取締役会の構成に焦点を当て，複数の企業で社外取締役として就いている役員の影響などが検討された。これは，役員は株主の代理人であるという株主価値最大化のアプローチの批判的検討である[18]。また，CEOの権力の強さと社外取締役の権力の強さに関する実証研究[19]も行われた。このように企業行動を権力のバランスで捉える研究としては，有名なC. Wright Mills（1956）のThe Power Elite[20]，があげられるが，近年の社会学的アプローチでは，株主価値最大化の批判的検討に焦点が当てられている。同様なアプローチで，CEOと役員との関係，役員報酬，役員間の権力関係などが研究されている[21]。また，株主構成の変化が企業業績に与える影響も実証されてきた[22]。さらに経営者行動と株式市場

の評価をテーマにした研究もある。また，Michael Useem[23]が行ったように，ファンドマネージャーが株式会社に及ぼす影響を明らかにした研究もある。

このように社会学的アプローチにおいては，効率的市場仮説批判を中心に取締役会の問題などに焦点を当てる傾向が強かった。

1994年に刊行されたMark Roeの*Strong Managers, Weak Owners*[24]は，アメリカのコーポレート・ガバナンスの形成要因として，金融に関する法律の影響を歴史的に論じた。その後，Roe (2003)[25]，Rajan & Zingales (2003)[26]は，コーポレート・ガバナンスの形をつくるのは，法律そのものではなく，政治システムであると結論づけている。さらに，2008年のリーマン・ショックとそれに続く金融危機以降，アメリカでは株主価値極大化経営の考え方に基づいたコーポレート・ガバナンス論に対しての批判は高まりつつある。

以上，アメリカにおけるコーポレート・ガバナンスに関する議論を概観した。アメリカにおいては，必ずしも株主価値極大化説一辺倒ではなく，様々な議論がなされているが，わが国を含むアジア諸国におけるコーポレート・ガバナンス改革は英米型と称し株主価値極大化を目指す方向で行われている。しかし，コーポレート・ガバナンスは決して一つの型に収斂していくのではなく，その国における権力構造や富の配分構造に影響されるという見方が近年の議論の傾向である。

コーポレート・ガバナンスの形は，労働市場，教育や労働者訓練の方法，社会福祉，富の分配に関連し，さらには経済成長率などに影響を及ぼす。また，これらは汚職の問題，法の支配，民主主義，貿易紛争，国際的な経済上の繋がりに深く関わっている。国ごとのコーポレート・ガバナンスの違いは，様々な利害関係者間や国家間のせめぎ合いの結果として説明することで導かれ，その方向性は一国の政策上，あるいは国際関係上重要な論点である。それゆえ，コーポレート・ガバナンスを考察する上においては，その国の権力と責任構造の違いに着目することが重要である。ここに，コーポレート・ガバナンスの国際比較研究の意義を見出すことができる。

（注）

1) ピーター・A・ゴルヴィチ＆ジェームス・シン（2008）『コーポレート・ガバナンスの政治経済学』，中央経済社，p.2.
2) Managerilaism Economistと呼ばれた。Marrisは，利益ではなく成長を第一優先に考えて経営される企業をそのモデルとしてあげている Marris R. (1964), *The Economic Theory of "Managerial" Capitalism*, New York：Free Press.
3) Berle & Means (1932), *The Modern Corporation and Private Property*, New York：Macmillan., p.12.
4) SEC (1971), *Institutional Investor Study Report of the Security and Exchange Commission*.
5) Mannは，「会社支配のための市場」の存在をあげ，投資家が経営に不満足な場合，保有株式売却を選択する可能性がある。それに伴う価格下落により，企業買収の標的となり，非効率な経営を行う経営者は淘汰されることを述べた。
　　Mann, HG (1965), Mergers and the Market for Corporate Control, *Journal of Political Economy* 73, pp.110-120.
6) Coarse, Ronald (1937), The nature of the firm, *Econometrica* 4, pp.386-405.
7) Jensen Michael & William Meckling (1976), Theory of the Firm；Managerial behavior, agency costs, and ownership structure, *Journal of Financial Economics* 3, pp.305-360.
8) Fama, Eugene, and Michael Jensen (1983a), Separation of ownership and control, *Journal of Law and Economics* 26, pp.301-325.
　　Fama, Eugene, and Michael Jensen (1983b), Agency Problems and Residuals Claims, *Journal of Law and Economics* 26, pp.327-349.
9) Shleifer Andrei & Robert W. Vishny (1997), A Survey of Corporate Governance, *Journal of Finance*, p.737.
10) Davis, Gerald (2005), New Direction in Corporate Governance, *Annual Review Sociology* 31, p.146.
11) Easterbrook&Fischel (1991), *The Economic Structure of Corporate Law*, Cambridge, MA, Harvard UP.
12) Rao et al (2000), Embeddedness, Social Identity and Mobility：Why Firms Leave the NASDAQ and join the New York Stock Exchange, *Administrative Science. Quarterly 45*, pp.268-292.
13) Jensen (1988), Takeovers：Their Causes and Consequences, *Journal of Economic Perspective* 2, pp.21-48.
　　ジェンセンによれば，いかなる科学的仮説も効率的市場仮説にはかなわない。なぜなら，金融市場は現在や過去のパフォーマンスを評価するのではなく，未来を評価するものであるからである。
14) たとえば，ハリウッドの映画制作会社や米国防省が創ったオンライン上の「テロリスト市場」などにも適用されている。

Shiller RJ. (2003), *The New Financial Order*, Princeton, NJ : Princeton University Press.
15) Davis G. F. and Stout S. K. (1992), Organization Theory and the Market for Corporate Control : a dynamic analysis of the characteristics of large takeover targets, 1980 – 1990, *Administrative Science Quarterly* 37, pp. 605 – 633.
16) Shiller, R. J. (2002) "From Efficient Market Theory to Behavioral Finance", *Cowles Foundation for Research in Economics at Yale University Working Paper No. 1385*.
   Shefrin, Hersh (2000), Beyond *Greed and Fear : Understanding Behavioral Finance and the Psychology of Investing*, Boston MA : Harvard Business School Press.
17) Roy, W. G. (1997), *Socializing Capital : The Rise of the Large Industrial Corporation in America*, Princeton UP., p. 14.
18) Mizruch, M. S. (1996), What Do Interlocks Do? An Analysis, Critique, and Assessment of Research on Interlocking Directorates. *Annual Review of Sociology* 22, pp. 271 – 298.
19) Zajac E. J. & Wetphal J. D. (1996), Director Reputation CEO-Board Power, and the Dynamics of Board Interlocks, *Administrative Science Quarterly* 41, pp. 507 – 529.
20) Mills C. W. (1956), *The Power Elite*, New York, Oxford UP.
21) Gulati R& Westphal J. D. (1999), Corporative or Controlling ? The Effects of CEO-board Relations and the Content of Interlocks on the Formation of Joint Ventures. *Administrative Science Quarterly* 44, pp. 473 – 506.
   Westphal J. D. & Poonam K. (2003), Keeping Directors in Line : Social Distancing as a Control Mechanism in the Corporate Elite, *Administrative Science Quarterly* 48, pp. 361 – 398.
22) Palmer D. A. & Barber B. M. (2001), Challengers, Elites, and Owing Families : A Social Class Theory of Corporate Acquisitions in the 1960s, *Administrative Science Quarterly* 46, pp. 87 – 120.
   Kang D. L. & Sorenson A. B. (1999), Ownership Organization and Firm Performance, *Annual Review of Sociology* 25, pp. 121 – 144.
23) Useem Michael (1996), *Investor Capitalism : How Money Managers are Changing the Face of Corporate America*, HaperCollins.
24) Roe, Mark (1994), *Strong Managers, Weak Owners : The Political Roots of American Corporate Finance*, Princeton UP.
25) Roe, Mark (2003), Political Determinants of Corporate Governance : Political Context, Corporate Impact. New York, Oxford UP.
26) Rajan R. G. & Zingales L. (2003), The Great Reversals : The Politics of Financial Development in the 20th Century, *Journal of Financial Economics* 69, pp. 5 – 50.

第2章 日本のコーポレート・ガバナンス改革の現状と課題
－経営現場の視点で問題の底流を考える－

1 コーポレート・ガバナンスを改革する機運の高まり

　日本経済は，バブルが崩壊した1990年代以降，「失われた10年」あるいは「失われた20年」とも呼ばれる長期停滞・持続的デフレが続いてきた。このような停滞から脱しきれないまま2008年にはいわゆる「リーマンショック」が起こり，世界的な金融危機に見舞われ，日本経済も大きな落ち込みを経験した。さらに2010年には，ギリシャに端を発する欧州金融危機が発生し，世界経済に大きな影を落とした。一方，日本では2011年3月に東日本大震災が起こり，原子力発電問題をはじめ，日本の経済・社会に大きな転換をもたらした。加えて中東におけるISILの出現などテロの拡散，アジアにおける中国リスクの顕在化等地政学的リスクを含め，企業活動を取り巻く環境に不透明要因が現在も多数存在する。

　このような流れの中で2012年12月に第二次安倍内閣が誕生した。デフレ脱却，日本経済の再生を目指す「三本の矢」からなる，いわゆる「アベノミクス」なる金融財政政策を展開した。その中で「日本再興戦略」が策定され，「日本の稼ぐ力」を取り戻すとして，政府の基本政策の中にコーポレート・ガバナンスの強化，「攻めのガバナンス」が掲げられた。

　2014年に入ると，日本企業の業績，特に資本効率・収益性の低さや企業価値の持続的成長についての議論が従来以上に高まってきた。元々このテーマは，主として海外機関投資家から日本のコーポレート・ガバナンスの論点を含めて問題提起があったものである。東証の資本効率を意識した新しいJPX日経インデックス400の導入，2014年2月の日本版スチュワードシップ・コード策定，

持続的成長に向けた収益性・競争力改善についての経済産業省プロジェクト，いわゆる「伊藤レポート」の公表（2014年8月），2014年後半には，議決権行使助言会社 ISS による議決権行使基準の改定，同12月コーポレートガバナンス・コード原案発表（2015年6月適用），改正会社法・同施行規則（2014年6月公布，2015年5月施行）による監査等委員会設置会社の創設，社外取締役実質義務化等，日本企業のコーポレート・ガバナンスにかかわる具体的な改革が続々と導入された（図2-1）。

図2-1　コーポレート・ガバナンス改革

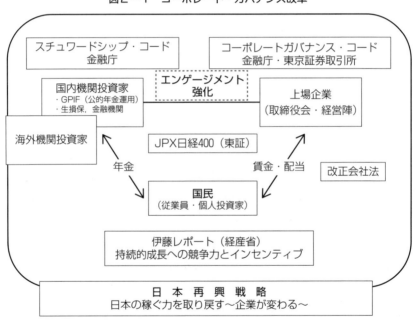

2　資本効率・収益性の低さと株式市場の低迷

　日本企業の資本効率・収益性は長年にわたって極めて低く，ROEは最近若干の改善を見せているものの，欧米企業の15％前後に対して日本はTOPIX銘柄で３〜８％程度と，明らかに劣位にある（図２-２）。またTOPIX銘柄の過去30年間の平均ROEは約５％と極めて低い。

　このような低収益性により，日本の株式市場は欧米に比し魅力の薄いものとなり，これを反映して株価のパフォーマンスも過去約20年のレンジでみると，ここ１年の株価上昇はあるものの，日本だけが約20年間フラット，欧米は2.6倍となっており，日本の株式市場の低迷は歴然である（図２-３）。これらの低迷は成長産業，ベンチャー企業，企業の成長投資等を支えるリスクマネーを呼び込めなくする負の効果をもたらした側面にもつながったであろうことが推測される。

図２-２　各国企業のROE

	2011年12月	2012年12月	2013年12月	2014年12月	2015年12月
日本（TOPIX採用銘柄）	3.3	5.7	8.5	8.5	7.7
米国（S&P500採用銘柄）	15.0	13.6	15.3	15.1	12.1
英国（FTSE100採用銘柄）	16.0	9.4	12.6	15.7	5.7
中国（上海総合採用銘柄）	15.3	13.9	14.0	13.7	11.0
世界平均（MSCIワールド採用銘柄）	11.7	10.6	12.1	12.4	9.5

出所：Bloomberg

図2-3　主要国株価の比較

わが国だけが株価低迷

（注）　1989（注）年末を100として作成。
出所：Bloomberg.

3　コーポレート・ガバナンスと日本企業の特質

(1) 戦前の株式会社と企業経営の特徴

　日本における株式会社は明治時代の段階的な法制度の整備を経て1899年に新商法が施行され，1900年代に入り明治以降の近代産業を中心に制度として定着した。戦前の戦時統制経済体制となる前の日本企業の経営の特徴は要約的にいえば株主主権型のアングロサクソン的なコーポレート・ガバナンス体制であったといえる。そこでは，有力な資本家（財閥本社または大資本家）による経営統治・経営モニターが取締役会を通じて実行された。この株主による経営モニターの仕組みは財閥系企業では財閥本社による直接的な統治，非財閥系においては大株主が取締役として経営に参加する形で経営を監視した。この時期の企業経営の特徴を次のようにあげることができる。まず，財閥支配が大きかった。

企業の資金調達について，財閥系は財閥本社から，非財閥系は直接市場から行われていた。自己資本比率は高く60-70％，配当性向も平均70％と高かった。株主（財閥本社または資本家）の経営統治・経営モニターが取締役会を通じて実行されていた。また，終身雇用型ではなく従業員の定着率も低かった。組合組織率も低く1936年で3％であった。銀行は企業金融（特に長期金融）にほとんど役割を果たさず企業の借入金比率は6～8％のみであった。経営者の報酬は高く1921-36年平均で利益の4％が役員賞与であった（戦後は1961-70年で1％未満，現在も同水準）。一方で株主主権の行き過ぎが時にモラルハザードを招いたことも事実で，従業員の立場の軽視，短期利益最大化を志向する短期型経営に走る傾向があり，内部留保の充実も弱くしばしばタコ配も起こした。

(2) 戦後の企業経営

以下戦後の企業経営の特徴を発展段階別に概観する。

① 終戦から高度経済成長期

財閥解体，株式持ち合い，メインバンク制のもとで資金提供バンクによる一種のモニター機能の下に経営者は終身雇用制をベースに従業員と一体で事業を拡大。

倒産リスクが高まるまでは経営の自由度は高く利益よりもシェアー（売上）の拡大を追求，投資を拡大してきた側面がある。

ある意味で復興期から高度成長期ではメインバンクの支えもあり長期的視野の経営を可能にしたといえる。しかし，一方で一般株主の発言力は弱く経営に対して高い利益率の追求や会社資産の効率化・保護を求める圧力は弱かった。

日本経済は1970年代に入り何度かのオイルショックを経験するが政府の産業政策も含め企業の各種努力により欧米より早く危機を克服した。

② 低成長期

やがて国内市場の成長力の衰え，グローバル化・競争激化の下ですべてが逆転し始める。過剰生産によるデフレを生み出し，長期的に日本企業の利益率を引き下げ，国際的に日本の株式市場を魅力薄なものにしていった。このことは

過去20〜30年間の日・欧米の株式市場の趨勢から明らかである。他方，このことが日本において経済成長の原動力になり得る新しい成長産業や新規ベンチャー産業を支えるリスクマネーをもたらさなかった一因となった側面がある。

③　バブル崩壊とガバナンス改革

1990年代のバブル崩壊とその後の長期低迷の下，企業再編の簡易化，資本調達の柔軟化，連結決算，時価会計等の改革がありガバナンス改革もその一環として進められた。すなわち，株式持ち合いの解消，経営と執行の分離，モノ言う株主の出現，独立役員の拡大等である。

しかしながらその中で日本の株主・機関投資家は欧米の機関投資家のように企業業績やガバナンス改革をリードする役割は果たさなかった，または，弱かったといえる。

④　底流の共通点

以上の戦後の日本の企業経営の特徴をコーポレート・ガバナンスの視点で言うならば，まず，企業内部においては村社会的（従って排他的），同質的，終身雇用，年功序列型といった特徴がある。すなわち，大企業では従業員は他社への転職はほとんどなく，社内から長年の勤続と昇進をした者が取締役・経営者になる慣行・特徴があり，結果的に会社は従業員から昇進した経営者と従業員から構成される一種の"会社共同体"の側面をもった。このことはある意味で長期指向の経営を可能にした面があるが，逆に，これが時には"もたれあい"，"問題隠蔽体質"につながるリスクをもたらした。

一方で，メインバンク制，株式持ち合い制によって，経営のパフォーマンス効率，企業価値の向上を厳しく追及する株主や機関投資家が存在しなかったか，極めて弱かったことも事実であろう。

これらの底流の共通点は外人機関投資家やその他のステークホルダーの指摘や要求によって徐々に変化してきたが，2014，15年のガバナンス改革後の方向を探る上でも留意しておくべき特徴といえる。

4　経営者意識改革と日本版スチュワードシップ・コード

　日本企業の経営者が従来はたしてどこまで自社の資本コストを意識し，少なくとも資本コストを上回る資本効率を目指して経営してきたかというと，残念ながら多くの経営者に資本コストについての意識が希薄であったというのが現実であろう。もちろん，すべての会社にいえることではなく，これらを正しく認識し経営を実践してきた企業が多数あることも事実である。ただし，全般的には過去30年間のTOPIX銘柄の平均ROEが5％程度という東証データがあり，これから見ても経営者の資本コストや資本効率に対する認識はほとんどなかったか，あるいは極めて低かったと判断せざるを得ない。一方，資本コストについて，海外機関投資家の見方では，日本企業の株主資本コストはおおむね6～8％としている。他方，ファイナンス理論でよく使われるCAPM（Capital Asset Pricing Model）をベースに計算すると，概ね6％台となる。

　これらから，日本企業の株主資本コスト6～7％と見るのが妥当であろう。本来，企業は少なくも投資家が期待する資本コストを上回るリターンを実現すべきである。前述の「伊藤レポート」では，少なくとも「最低限」ROE 8％と提案している。換言すれば，日本企業は企業価値の持続的成長を実現するためには，少なくとも中期的に資本コストを上回るROEを実現することが求められる。

　前述した日本の企業経営の特質の中で，経営側に対して資本効率や収益性を求める日本の株主，特に機関投資家の圧力は極めて弱かったことを指摘した。機関投資家で日本企業のコーポレート・ガバナンス問題や資本効率，収益性を追求してきたのは海外の機関投資家であった。

　一方，日本企業の株式保有構造にも大きな変化が見られ，図2－4のデータは2014年3月末の状況であるが，外国人機関投資家が30％を上回ってきた。

　さらに，信託銀行，生・損保，その他金融などの国内機関投資家が20％を占

める。したがって，外国および日本の機関投資家の保有率が約55％となり，過半数を超える状況になっている。

　日本のコーポレート・ガバナンス改革の議論の中で，機関投資家の責任，特に企業との対話の重要性が指摘され，日本版スチュワードシップ・コードが2014年２月に策定された。そこでは，機関投資家が中長期的視点で，投資先企業の企業価値向上や持続的成長を促し，顧客・受益者の中長期的な投資リターンの拡大を図る責任を求めており，そのために投資先企業との目的を持った対話が必要であるとしている。

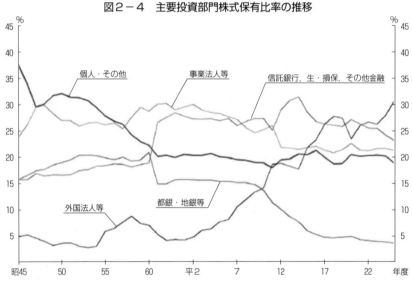

図２-４　主要投資部門株式保有比率の推移

（注）　平成16年度から平成21年度までは，ジャスダック証券取引所上場会社分を含む。
出所：平成25年度株式分布状況調査（東証等）

　日本の機関投資家が投資先企業の資本効率や収益性に対して，長年にわたり，圧力をかけてこなかった側面があることを述べたが，日本の上場企業がその資本生産性を向上させるためには，投資家と企業経営者の双方が向上に向けて，お互いをパートナーとして対話し，協力することが不可欠であろう。

　このような対話により，企業側の収益性・企業価値向上努力を促し，投資家

側からは優良な長期資金の提供を受けるという好循環を目指すべきであろう。これらの動きにより，日本の機関投資家も企業の資本効率や収益性を含め，企業経営に対して，より能動的になることが期待される。

　そのためにも，企業側からの中長期経営戦略の説明，公平で適切な情報開示の実行，取締役会の機能強化，株主還元策，投資の短期化・経営の短期化問題，役員報酬制度など，いくつかの改善すべき課題がでてくる。

5　日本のコーポレート・ガバナンス改革

　日本において，コーポレート・ガバナンスの種々の問題が過去内外から指摘され，種々の改革がなされてきたが，欧米にもその側面があったが，日本においても企業不祥事がきっかけになって改革問題がクローズアップするきらいがあった（最近のオリンパス，大王製紙，それ以前の西武鉄道など）。

　コーポレート・ガバナンスの目的は，「株主のみならず，その他のステークホルダーの利益も念頭に置いて，企業が健全に企業価値の向上に向けて長期的に持続し，成長する仕組み・経営構造を作ること」といえる。したがって，必ずしも企業不祥事を防ぐことのみがその目的ではない。他方，「企業業績，資本効率」そのものを直接的に目的とするものでもない。しかしながら，ガバナンスの目的が究極的に企業価値の向上と持続的成長を図るものであるとすれば，企業の資本生産性，資本効率，収益性を高めることは，その重要な要素となることに疑いの余地はなかろう。

　一方，前述のごとく，ここ数年，特にここ1～2年，コーポレート・ガバナンス改革の動きが加速されてきた。会社法改正，スチュワードシップ・コード策定，社外取締役起用増加，コーポレートガバナンス・コード策定等の動きである。

　また，東証による新しいインデックス，企業の持続的成長に向けた収益性・競争力改善プロジェクト，いわゆる「伊藤レポート」，ISSの議決権行使基準ガイドライン改訂などの動きは，まさに日本企業の低い収益性に警鐘を鳴らし，

その改善を促すものである。他方，社外取締役については，従来多くの企業はその起用に消極的で，起用数はなかなか増えなかったが，前記のガバナンス改革の流れもあり，ここ２，３年で急速に起用企業数が増加してきている。

　東証一部上場会社で2000年から2011年頃までは毎年１～２％の増加だったのが，2011年には起用企業割合が全体の51.4％，2012年55.4％，2013年62.3％から2014年には74.2％とこの１年で12％増加，さらに2015年は94.3％と20％増加，2016年には98.8％にまで増加した。まだ，１社当たり平均社外取締役数の少なさ（2014年で１社平均1.79人）（2016年には2.43人になった）など課題はあるが，全体として大きな前進である。また，ガバナンス体制についても，従来（2014年まで）98％を占める監査役会設置型企業において，社外取締役を選任した上で任意に社外取締役を起用した指名委員会や報酬委員会を設置する，いわゆるハイブリッド型のガバナンスを採用する企業が増えている。さらに2015年５月の会社法改正により，制度そのものの狙いについて議論は残るものの，新たな選択肢として監査等委員会設置会社も創設された。2016年７月時点で東証一部上場会社で約360社が採用している。

　要は，それぞれの会社が，今回のコーポレートガバナンス・コードで示されたベストプラクティスを基本に，自社に最適なガバナンスの設計と運営を"Comply or Explain"で行うことが求められる。

　筆者は，従来から社外取締役導入の重要性を強く主張してきた。ただし，強制的なルールとすれば，当然全企業が採用することになるが，形は作っても適切に運用されないことになるリスクがあるため，個人的には強制ルールにはネガティブであった。要は，コーポレート・ガバナンス体制は固定的なものとすべきでなく，それぞれの企業で自主的に自社に最も適した制度を設計し，運用すること，また，なぜそうするかを市場やステークホルダーに説明すること，「形式よりも実効性」が重要と考えるからである。

　繰り返しになるが，今回の一連のコーポレート・ガバナンス改革の動きは，全般として歓迎すべきものであり，それぞれの企業が，そのトップ執行陣が，決して外形のみを整えるのではなく，改革の求める原則を真に理解・賛同して，

自社に最適な設計と運営を推進することを願う。

6　日本のコーポレート・ガバナンスの基本設計

　日本のコーポレート・ガバナンスの基本形は監査役会設置型であり，株主総会で取締役と監査役を選任し，監視監督するのが基本的枠組みである。統治機構の組み立ては（図2－5）の通りであるが，取締役会は株主総会で選任された取締役で構成され，会社の業務執行を決し，取締役の職務の監督をすることになっている。ここに「監督と執行の分離」という課題を内包する。この監査役会設置型は2015年会社法改正で監査等委員会設置型が導入されるまで上場会社の98％が採用してきた日本独特のガバナンスである。2016年7月時点では79％となった図2－5は現在4種類の取締役会の型を示している。

　この日本の仕組みも種々の機能不全がみられたため，すなわち，株主重視の視点や取締役の法的責任等の面で種々の問題が顕在化，不祥事の続発もあり，いろいろな改革が加えられてきた。2001年には常勤の監査役と半数以上の非常勤の社外監査役を置いて経営を監視する仕組みである社外監査役の導入が義務付けられ，2003年には米国型ガバナンスを参考に委員会設置型が導入された。さらに2009年には東証が独立役員の届け出を上場会社に義務付けるなど工夫がなされてきた。また前述のように2015年からの会社法改正を含むコーポレート・ガバナンス改革により新しい選択肢として監査等委員会設置会社も導入された。以下では監査役会設置型と委員会設置型（指名委員会等設置型）について述べる。

図2-5 機関設計の比較

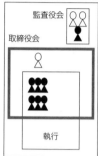

★ **監査役会設置型と委員会設置型（指名委員会等設置型）**

　監査役会設置型は日本独特のガバナンスであり，株主総会で選任する常勤の監査役と非常勤の社外監査役を置いて経営を監視する仕組みで，その意味で経営監視の実効性は高い。

　一方で経営トップの意向で選任される社内出身者が就くことが多く，監視機能の弱体化という潜在的リスクはある。後述する「選任の実態」の問題である。また，前述したが，社内取締役は執行すると同時に取締役の執行を監視する役割を担っており「監督と執行の分離」という課題がある。

　監査役制度そのものは日本独特の制度で監査役の機能の範囲（適法性，妥当性ほか）や取締役会で議決権のないこと等について，特に海外の機関投資家から種々疑問や意見が出されている。しかし，これらの疑問・意見は監査役制度そのものや，取締役会における意見の影響力，法的権限等について理解が正確にされていないことに起因する側面があることも否定できない。

　一方，委員会設置型は2003年に日本にも導入された制度で，指名・報酬・監査の3委員会が設置され，各委員会は過半数が社外取締役でなければならない。

　また監査委員会の委員には社内執行取締役はなれない。ここでは，取締役会

は経営の監視・監督により特化し，業務執行権限を大幅に執行役に委任することができる仕組みである。

換言すれば，取締役会に内部統制システムの整備・構築の義務を課し，監査委員会は内部統制システムの適正・効率的機能を監査する仕組みである。理論的には経営の透明性が高まる効果が期待でき，米英で一般的な制度である。しかし，それでも種々の不祥事は発生した。

また，監査役会設置型は常勤の監査役を置いて経営を監視できるが，委員会型の非常勤社外取締役でどこまで・どういう監視を行うかという課題はある。一方，社外取締役が過半数の指名委員会で取締役候補の選任や，さらに，社長の指名や必要な場合に社長の解任までできることは後述する「選任の実態」の問題もありガバナンスの視点からは明らかに有効である。他方，日本で現在，指名委員会等設置型を導入している企業が東証上場会社の僅か2％に過ぎないことの意味するところも留意が必要である。これは日本企業のトップが社外取締役が入ることにより指名の問題や経営に口を出されることに対する抵抗感が強かった，あるいは今も強いことを示唆するものともいえるだろう。

7　日本企業の特質

日本のコーポレート・ガバナンス改革に向けて2014，15年に大きな進展があり，コーポレート・ガバナンスの設計・運営において基本的に守るべき原則が示され，同時に監査役会設置型，指名委員会等設置型，監査等委員会設置型の三つの機関設計のいずれかを選択することが可能となった。

本来，コーポレート・ガバナンスの設計と運営は，強制的，固定的な仕組みとするべきではなく，それぞれの企業が自社に最も適した構造を設計・選択することが望ましいことはすでに述べた。その意味で2015年の改革はプリンシプルベースアプローチ（原則主義）で"Comply or Explain"の考え方であるので歓迎すべき方向であるといえる。

一方で，各企業がどのような機関設計を選択し運営するとしても，日本企業

が伝統的に持っている「特質」，すなわち底流にある問題点として
 ① 日本企業の共同体的な内面的特質
 ② 取締役・監査役選任の慣行と社長の人事権
に留意しておくことが必要と考える。

① 日本企業の内面的特質

　戦後の日本企業の経営の特徴として終身雇用，年功序列があげられることは前にも述べた。教育を終えて会社に入れば終身，その会社に勤めるのが普通である。そこでは年功序列が一般的であり，長年勤めた従業員の中から役員が選ばれる。

　したがって，会社は従業員と従業員OBの役員により経営されることになる。そのため，「家族」，「仲間」，「村」，「排他的」といった特徴，別の言い方をすれば「共同体的」な側面があるということである。悪い場合は「隠ぺい体質」にもつながる。もちろん，これらの特質はすべて問題につながることではなく，いい面も多々あることは否定できない。しかしながら，コーポレート・ガバナンスの観点からは，問題の遠因となることもしばしばあるので，注意しておくべき特質といえる。

② 取締役・監査役選任の慣行と社長の人事権

　取締役や監査役は株主総会で選任されるが，実質的には候補として選ぶのは社長であるという問題である。また，さらに重要な点として後継社長も現社長が自分で選ぶという実態の問題である。すなわち「社長の人事権」である。

　前記の候補者の選定は委員会等の仕組みによるものでなく，実質的には経営トップである社長が自分で決めるのが実態である。もちろん委員会型の会社とか監査役会型でも任意で指名委員会の仕組みを持っている企業もあるが一般的には前記が実態であろう。

　そうすると，取締役側から見れば株主というより「社長に選ばれた」という意識を潜在的に持つことになる。このことは監査役も同じである。

これがすべて問題につながるわけではないが社長に「選ばれた」または「選んでもらった」取締役あるいは監査役が社長の執行方針にここぞ必要という場面でどこまで反対やブレーキをかける意見がいえるかという問題である。もちろんそれがいえる会社も多くある。しかし，不祥事のケースや，不祥事でなくともしかるべき経営執行がなされないケースも含め，問題として認識が必要である。

さらには，たとえば監査役の選任でも真に監査役としての資質のある人材が候補として選ばれるならばよいが，処遇的な背景で社長によって選ばれるケースもあろう。それが指名委員会的な仕組みの中で，社外役員も加わって候補者の資質の審査や，平常からサクセッションプラン（後継者計画）を作って候補を選ぶならば話は別である。

次に次期社長の選任であるが，大多数の企業では現社長が後継社長を自分で決めているのが現実であろう。現社長が自ら選んで取締役会に諮り，議論なく決議される。

指名委員会的な仕組みで平素から次期社長の候補者を見ていくサクセッションプランを持っている企業はまだ多くない。社長に後継指名された新社長は前社長の路線を踏襲し，少なくとも前社長に相当な配慮をするのが通常である。しかも，日本では社長職の後は会長，そのあとは相談役，さらに名誉相談役として処遇する企業も多い。欧米の社長も執行権限という意味では，日本のそれ以上に強いともいえる。しかし，欧米には社長の執行振りに問題があれば指名委員会等により解任できるし，また前記のような処遇の仕組みはないのが通常である。

要は社長が最も重要な執行責任者であるだけに，社長の人事権や処遇制度に留意が必要である。日本で指名委員会等設置型がほとんどないのは社外取締役が入って人事権を含め経営に関与することを嫌う日本企業の側面を物語っているともいえる。

幸い，2015年に至る一連のコーポレート・ガバナンス改革によって社外取締役は急速に増加，さらに独立社外取締役も増加していること，また，日本企業

の資本効率や企業価値の持続的成長に向けた種々の原則が示されたことは歓迎すべき流れである。しかし，同時に先に述べた日本企業の特質を十分理解しておくことが，今回の改革を外形・形式に終わらせないためにも重要と考える。

8　独立社外取締役について

　会社経営の根幹的な意思決定を行うのは取締役会である。その取締役会がすべて社内取締役のみで構成されていたらどういう問題が起こりうるだろうか。
　前述した「日本企業の内面的特質」（終身雇用，年功序列，村社会，排他的，共同体的等）や「選任の慣行」もあり，その会社がワンマン的強力トップ（社長）型の場合はもちろんワンマン的でなくとも間違った方向に進むリスクが出てくる。そこに社外取締役，しかも独立性の高い社外取締役が必要であるとする理由がある。
　社外取締役の機能としては基本機能と究極の機能があるといえる。基本機能とは一般的に取締役会が一般株主の利益，コンプライアンス，リスクマネジメント等の観点で誤った決定をすることに対してストップをかける牽制・監督機能であり，経営を企業価値の向上にそのスピードを含め正しく向かわせる助言機能である。さらにはそれらは社内にない知見や経験に基づくものである。次に，究極の機能とは真に必要な場合は最終的にトップ（社長）の解任を迫る機能である。これは日本では通常は社内取締役では至難であり，これができるのは社外取締役であろう。
　社外取締役が取締役・監査役や社長の選任の仕組みに関与するガバナンス体制を作ることの重要性はここにある。

★　社外取締役の独立性
　日本企業の経営において，社外取締役がなぜ必要か，またその機能は何かについてすでに述べたが，社外の人ならば誰でもよいかといえば，そうではない。たとえば重要取引先，支配株主，メインバンク出身の人が就いたら他の株主・

ステークホルダーの利益を損なう恐れがある。

最初に「社外」性を求められたのは監査役であった。

2001年の会社法改正で「監査役の半数以上は社外監査役でなければならない」と規定された。その際には「社外」についての規律はあったが独立性についての特段の定めはなく，その後，さまざまな不祥事の発生により独立性が問題となり，2012年に「少なくとも一人，独立役員を入れる」ことが義務付けられた。しかし，「独立役員は監査役，取締役どちらでもよい」とされたため監査役を独立役員として入れる企業が大多数を占める結果を招いた。

その後，社外取締役の必要性が内外から求められ，特に，ここ2，3年前から2015年に至る一連のコーポレート・ガバナンス改革によって社外取締役を取り入れる企業が急速に増え，東証一部企業で2014年74.3％が2015年に94.3％となり2016年7月には98.8％になった。

他方，2015年の改革で独立性の基準も改訂された。あるべきガバナンスの観点からは単なる「社外」ではなく，「独立社外」が重要である。さらに，2人以上の独立社外取締役の起用要請もあり社外取締役に求められる規律と機能・資質・多様性を考えると今後社外からいかに適材を獲得するかは企業によって大きな課題となるだろう。

★ 社外取締役を入れたコーポレート・ガバナンスが機能する前提－執行トップの姿勢－

社外取締役の役割の重要性，なぜ社外取締役の起用が求められるかは上に述べた通りである。しかし，形だけの起用であればそれは真に機能しない。

そのカギは執行トップ（社長）の姿勢であろう。執行トップが社外取締役の役割を正しく理解して，社外取締役が持っている社内にはない経験・知見をできるだけ引き出し，あらゆる観点から企業経営に役立てようとする意識を持たねばまず機能しない。

それは形の上で社外取締役を起用しただけで，コードには合致するが，コードが求める原則の実現からは離れてしまう。また，ワンマン的であろうとなか

ろうと日本企業では社内の役員や幹部は社長に厳しい意見が言いにくい土壌がある。また，社内には存在しない知見や判断もある。必要な場合，社外取締役からそれを引き出そう，間違っていたら是非意見を言ってくれという姿勢が大切であることを強調しておきたい。

　社外取締役が真に機能するためには上記の執行トップの姿勢が前提となるが，独立性の高い社外取締役が入ったガバナンス構造を作り，「執行する側」と「牽制する側」で「根本的な信頼関係」と「建設的緊張関係」を保ちながら企業経営を実行していくのが望ましい執行と社外の基本的関係といえるだろう。

9　各企業のコーポレート・ガバナンス体制の設計と運用にあたって

　日本企業のコーポレート・ガバナンス改革に向けての基本的論点・課題は2015年に至る一連の改革や提案，すなわちコーポレートガバナンス・コード，スチュワードシップ・コード，会社法改正，伊藤レポート，東証上場規則，ISS議決権行使基準，等によって示された。そこでは日本経済の長期低迷からの脱却も意識し，日本企業の資本生産性の改善を含め企業が持続的・中長期的な企業価値の向上を目指していかなる考え方で企業経営の仕組み，規律，行動をするべきかを原則や考え方で示している。

　基本となる機関設計について新しい選択肢も含めて示されたが，もっとも重要なことは一連の改革で求められていることを真に理解して，形式・外形のComplyではなく，それぞれの企業の置かれた環境や将来の方向に照らして最も適した機関設計と運営をすることである。従来からある監査役会設置型や委員会設置型の優れた点や課題等の特徴を前に述べた。

　また，それぞれのすぐれた点を取り入れて任意に社外取締役を起用した指名委員会や報酬委員会を設置する図2－5で示したようないわゆるハイブリッド型のガバナンスを導入している企業も増えている。加えて今回の改革では監査等委員会設置型も選択肢として追加された。繰り返すがそれぞれの企業で工夫

をして最も適切な機関設計と運営をすることが要請される。

また，今回の「攻めのガバナンス」いう概念も意識し，企業の本来的目標ともいえる資本生産性改善，企業価値創造を目指し，コーポレートガバナンス・コードで示された基本原則をそれぞれの企業として理解し最適な仕組みを作って経営をしていくことが求められる。

★ 経営の総合力，企業風土，価値観

会社は企業価値の持続的成長に向けて，それぞれの企業で設計されたガバナンス体制と経営を規律する内部統制の下で最終的には経営執行会議や取締役会で意思決定され経営が執行される。

しかし，それは取締役や執行役員などトップの経営陣のみで可能となるわけでなく，その意思決定や執行をサポートする組織の存在と，それら組織に蓄積された職能専門的能力が前提となる。投資を含む経営計画，投資案件を含む成長戦略や財務戦略，開発戦略，会計・税務・法務関連，等についてリスクマネジメントの観点も含め，企画・審査・推進する機能であり，それらを担う組織をいかに整備し，それらを支える人材をいかに育成・確保するかが最終的に企業の総合的な経営能力につながる。総合的な経営能力が整わないと，上部構造である取締役会等のコーポレート・ガバナンス体制や内部統制システムが仕組みとしてできていても，企業価値の毀損や不祥事の防止を含め企業の持続的発展は望めない。要は経営トップや役員の能力のみならずそれを支える社員・組織の能力，すなわち経営の総合力の問題である。この経営の総合力を構成する社員，すなわち人材の確保・育成も併せてきわめて重要な課題となる。

また，そこである意味もっとも大切なこととして，企業風土がある。もし，その企業で社員が上司に，あるいは役員が社長に自由にモノが言えない雰囲気があるならば，それも大きな問題である。したがって，制度や仕組みのほかに自由にモノがいえる，言うべきことを言わないのは逆に罪悪であるというような価値観や企業風土を醸成することが大切である。

過去の日本の企業経営者の不祥事を調べてみると自己利益の追求が要因で

あった事例は少ない。大方が会社のためにやったという意識である。その不法行為が会社のためというならば，また起こりうる恐れがある。社員もさることながら特に役員は高い倫理観が問われるゆえんである。

繰り返すが役員・経営者としての能力や会社の制度や仕組みに加えて，企業風土，価値観，倫理観が重要な要素であることを忘れてはならない。

10 コーポレート・ガバナンス"企業の中長期的発展に向けて"

コーポレート・ガバナンスの目的は"株主やその他ステークホルダーの利益を念頭に置いて企業が健全に，企業価値の向上に向けて，短期でなく中長期的に持続し，成長する仕組み・経営構造を作ること"である。

そこには日本型とか欧米型とかの固定的なベストなものや形式はなく，前述した日本企業の内面的体質や選任の慣行等を十分に考慮し，社外取締役が入ったそれぞれの企業の経営の特性・環境に最も適合したガバナンスの仕組みを作り運営することが望まれる。

他方，経営の最も根底にある企業風土や企業内に共有される価値観をすぐれたものに時間をかけて醸成していくことが重要であり，また，現在と将来の経営を担う人材の確保・育成が最終的に高い倫理観・使命感を持つ有能な経営者につながり，企業の発展の原動力となる。このことはコーポレート・ガバナンスの仕組み論，制度論をある意味で超える，企業の健全な中長期的発展に貢献する重要な要素であることを言い加えて，コーポレート・ガバナンスに関する筆者の経営現場の視点からの分析・提言としたい。

参考文献
Bruce Aronson「アメリカのコーポレート・ガバナンスから何を学ぶか」(ジュリスト 2005.9.1)。
Bruce Aronson「トヨタ問題の教訓」(商事法務2010.9.15)。
Bruce Aronson「海外から見た日本企業のガバナンスにおける問題」(商事法務 2013.2.25)。

内海英博［2004］『コーポレート・ガバナンス』日本実業出版社。
ACGA「「監査委員会」との比較における監査役会の役割と機能」2013.10。
大杉謙一「コーポレート・ガバナンスと日本経済」（日本銀行金融研究所　ディスカッションペーパー Series 2013-J-6）。
加護野忠男，砂川伸幸，吉村典久［2010］『コーポレート・ガバナンスの経営学』有斐閣。
(株)プロネッド『2012年　社外取締役・社外監査役白書』。
神林比洋雄［2008］『内部統制とERM』かんき出版。
神田秀樹，小野傑，石田晋也［2011］『コーポレート・ガバナンスの展望』中央経済社。
神田秀樹監修，東京証券取引所編著［2012］『独立役員の実務』商事法務。
Peter A. Gourevitch, James Shinn［2008］『コーポレート・ガバナンスの政治経済学』中央経済社。
武井一浩［2013］『企業法制改革論Ⅱ－コーポレート・ガバナンス論－』中央経済社。
東京証券取引所［2013］『独立役員の意義と役割』(2013.5) 商事法務。
東京証券取引所『東証上場会社　コーポレート・ガバナンス白書2013』。
東京証券取引所［2013］「第2回東証独立役員セミナー講演録」(2013)。
富山和彦「コーポレート・ガバナンス危機をめぐる課題と展望」（一橋ビジネスレビュー 2012 SUM）。
林良造「日本企業のパフォーマンスと公的年金基金」（太陽ASGエグゼクティブニュース2012.10）。
広田真一「豊かな社会のコーポレート・ガバナンス」（証券アナリストジャーナル 2012.5）。
藤田純孝編著［2015］『CFOの挑戦』ダイヤモンド社。

第3章　韓国のコーポレート・ガバナンス

1　企業環境

(1)　基本情報

［人口］　約5,021万9,669人（2013年）
［首都］　ソウル
［言語］　韓国語
［民族］　韓民族
［宗教］　仏教，プロテスタント，カトリックなど
［政体］　民主共和政
［議会概要］　一院制。定員300議席のうち地方区選出246，比例区54，任期4年
［通貨］　ウォン
［経済規模］　GDP：約1兆1,998億ドル，国民1人当たり約2万3,893ドル（2013年時点，2005年基準実績値）

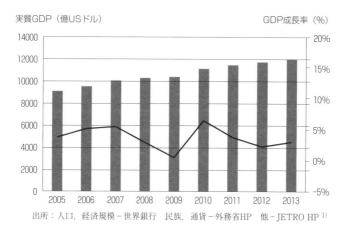

出所：人口，経済規模－世界銀行　民族，通貨－外務省HP　他－JETRO HP [1]

(2) 主要証券市場および上場会社の概要[2]

　韓国では，韓国取引所（Korean Exchange：KRX）によって証券取引をはじめとした各種運営がなされている。同取引所における事業本部の構成は，経営支援本部，有価証券市場，コスダック（KOSDAQ）市場，派生商品（デリバティブ）市場，市場監視委員会，国際事業団となっている。証券市場の開設の歴史は1956年からになるが，コスダック証券市場の開設は1996年，韓国先物取引所の開設は1999年になる。なお，外国人の国内株式に対する直接投資は1992年から認可されている。2013年には有価証券市場，コスダック市場につづく3番目の株式市場として，中小企業向け（専用）のコネックス（KONEX）市場が開設された。

　現在の「㈱韓国取引所は，証券および派生商品などの公正な価格形成とその売買，その他取引の安全性および効率性を図るために，既存の証券取引所，先物取引所，コスダック委員会，㈱コスダック証券市場など4つの機関が統合し，2005年1月27日に設立された」のである。

　有価証券市場における取引規模と時価総額は世界10位圏に入り，派生商品（デリバティブ）市場は近年になってアメリカやヨーロッパを抜くほどの取引量をほこり，その取引量が世界第1位を記録することもあるなど，国際的な取引所として成長してきている。

　韓国の企業は，上記した有価証券市場もしくはコスダック市場に上場することを目標にしているが，有価証券市場は大手企業・優良企業を中心に，コスダック市場は中小企業・ITベンチャー企業などを中心に構成されている。上場審査は外形要件と質的要件が設定されており，有価証券市場における上場のための外形要件は表3-1に，コスダック市場における上場のための外形要件は表3-2にまとめた。質的要件はそれぞれの市場に共通しており表3-3に示したので参照されたい。

　また，KRXのウェブサイトより，上場企業の現況（上場企業，上場銘柄，業種，資本金，住所など）がわかるようになっている。2015年2月25日現在，全体（有

価証券市場・コスダック市場・コネックス市場）で上場企業は1,899社，銘柄は2045ある。資本金規模による企業のランクづけは，表３－４に示した。

表３－１　有価証券市場の上場要件

上場要件		一般会社	持株会社
規模	企業規模	・自己資本300億ウォン以上	同左
	上場株式数	・100万株以上	同左
分散要件	株式数	・次のひとつを満たしていること ①一般株主所有比率25％以上，または500万株以上（ただし，上場予定株式数５千万株以上の企業は，上場予定株式数の10％の該当の数量） ②公募株式数25％以上，または500万株以上（ただし，上場予定株式数５千万株以上の企業は，上場予定株式数の10％該当の数量） ③自己資本500億ウォン以上の法人は，10％以上を公募し，自己資本によって一定規模以上の株式を発効 －自己資本500億〜1,000億ウォン，または基準時価総額1,000億〜2,000億ウォン，：100万株以上 －自己資本1,000億〜2,500億ウォン，または基準時価総額2,000億〜5,000億ウォン，：200万株以上 －自己資本2,500億ウォン以上，または基準時価総額5,000億ウォン以上，：500万株以上 ④国内外の同時公募法人は，公募株式数10％以上＆国内の公募株式数100万株以上	同左
	株主数	・一般株主700名以上	同左
	譲渡制限	・発行株券に対する譲渡制限がないこと	同左
		・最近の売上高1,000億ウォン以上および３年平均700億ウォン以上 ＆ ・最近の事業年度に営業利益，法人税差引前の継続事業利益，および当期純利益がそれぞれ実現 ＆	同左 （持株会社売上高＋子会社売上高×持株比率）

経営成果要件（選択1）	売上高および利益など	・下記のひとつを満たしていること ①ROE：最近で5％＆3年で合計10％以上 ②利益額：最近で30億ウォン＆3年で合計60億ウォン以上 ③自己資本1千億ウォン以上の法人：最近でROE 3％，または利益額50億ウォン以上で，営業キャッシュフローがプラス（+）であること	（連結財務諸表基準）
	売上高および基準時価総額	・最近の売上高2,000億ウォン以上＆ ・基準時価総額4,000億ウォン以上 ※基準時価総額＝公募価格×上場予定株式数（市場移転企業，または2次上場外国企業の場合，証券市場の相場）	同左 （持株会社売上高＋子会社売上高×持株比率）
安全性および健全性の要件	営業活動期間	・設立後3年以上の経過＆継続的な営業活動（合併などがある場合，実質的な営業活動期間を考慮）	同左 （主要会社の実質的な営業活動期間考慮）
	監査意見	・最近の適正，直近2年に適正または限定（監査範囲の制限による限定意見は除外）	同左 （個別および連結財務諸表）
	売却制限	・最大株主などの所有株式＆上場予備審査申請前1年以内に最大株主などから譲り受けた株式：上場後6ヶ月間 ・上場予備審査申請前1年以内 第三者割当の新株：発行日から1年間，ただし，その日が上場日から6ヶ月以内である場合は，上場後の6ヶ月間	同左 （金融持株会社の場合，最大株主などの所有株式 売却制限除外）

（注） 株式所有を通じた外国企業の進出に際しては，国内営業所設置の義務化や，半期監査報告書の提出，上場審査期間をながめにするなどの措置を講じている。
　　　また，優良企業に対しては，継続審査における審査期間を短縮できるなどのメリットがある。

出所：韓国取引所（http://www.krx.co.kr/，2015年2月24日アクセス）参照，転載，作成。

第3章　韓国のコーポレート・ガバナンス

表3－2　コスダック市場の上場要件

要件		コスダック市場上場要件（2014年6月18日改正規定基準）		
		一般企業	ベンチャー企業	技術成長企業
設立後の経過年数		3年以上	未適用	未適用
規模 （①or②）	①自己資本	30億ウォン以上※	15億ウォン以上※	10億ウォン以上※
	②基準時価総額	90億ウォン以上		
株式の分散		・次の要件のうちひとつを選択 1）少額株主500名以上，持分25％以上＆請求後5％募集（25％未満時10％） 2）自己資本500億ウォン以上，少額株主500名以上，請求後募集持分10％以上＆規模別で一定の株式数以上 3）公募25％以上＆少額株主500名		
資本の状態※		資本の欠損（※）がないこと （大企業　未適用）		資本の欠損率10％未満
監査意見		最近の事業年度に適正意見 （連結財務諸表　作成対象法人の場合，連結財務諸表に対する監査意見含む）		
経営成果		税引前の継続事業利益の実現 （大企業　未適用） （連結財務諸表　作成対象法人の場合，連結財務諸表基準）		未適用
利益規模※，売上高※※＆時価総額		次の要件のうちひとつを選択 1）ROE※10％ 2）当期純利益※20億ウォン 3）売上高※※100億ウォン 　＆時価総額300億ウォン 4）売上高増加率20％（＆売上高50億ウォン）	次の要件のうちひとつを選択 1）ROE　5％ 2）当期純利益※10億ウォン 3）売上高※※50億ウォン 　＆時価総額300億ウォン 4）売上高増加率20％（＆売上高50億ウォン）	未適用
最大株主などの株式売却制限		6ヶ月		1年
その他の外形要件		株式譲渡の制限がないこと		

（注）※　連結財務諸表　作成対象法人の場合には，連結財務諸表上の自己資本（資本金）を基準とするが，非支配持分は除く
　　　※※　財貨の販売およびサービスの提供のみ（ただし，持株会社は連結財務諸表基準）
　　　なお，技術成長企業とは，専門機関の技術評価（複数）の結果がA等級以上である企業（グリーン企業は単数）
出所：韓国取引所（http://www.krx.co.kr/，2015年2月24日アクセス）参照，転載，作成。

表3-3　質的な上場要件

企業の継続性	・営業の継続性 ・財務の安全性 ・その他の経営環境
経営の透明性および安全性	・企業の支配構造 ・内部統制システム ・会計処理の透明性
投資家保護	・開示透明性 ・少額株主の保護 ・証券市場の健全性 ・代表会社の役割と責任

出所：韓国取引所（http://www.krx.co.kr/，2015年2月24日アクセス）より「2014年　KRX上場審査ガイドブック」2014年，135ページを参照，援用，作成。

表3-4　上場会社の現況（資本金順）

	企業名	業　種	上場株式数(株)	資本金 (10億ウォン)
1	ハンファ生命	保険業	860,530,000	4,343
2	ＳＫハイニックス	半導体製造業	728,002,365	3,658
3	ウリ銀行	銀行および貯蓄機関	676,278,371	3,381
4	韓国電力公社	電気業	641,964,077	3,210
5	企業銀行	銀行および貯蓄機関	556,401,958	2,782
6	ＬＧユープラス	電気通信業	436,611,361	2,574
7	新韓金融持株会社	その他金融業	474,199,587	2,371
8	起亜自動車	自動車用エンジンおよび自動車製造業	405,363,347	2,139
9	大宇建設	建物建設業	415,622,638	2,078
10	ＫＢ金融	その他金融業	386,351,693	1,931

（注）　2015年2月25日現在。
出所：韓国取引所（http://www.krx.co.kr/，2015年2月25日アクセス）参照，作成。

第3章　韓国のコーポレート・ガバナンス

(3) コーポレート・ガバナンスに関わる規制および規制主体

韓国における会社法は、「商法」にあたる[3]。韓国の商法は、2011年に全面的に改正された。その商法のなかで取り決められている「第3編　会社」（第169条～第637条）が、コーポレート・ガバナンスに関わってくる。そのうち「第4章　株式会社」（第288条～第542条）においては、設立、株式、会社の機関（株主総会や取締役・取締役会、監査役・監査委員会など）、会計、社債、合併などについて詳細に規定されており、厳密に遵守することが求められている。とはいえその潮流は規制緩和である。商法（会社編）のアウトラインは、表3-5に示した。

この商法（会社編）における改正内容は、主に「①企業経営の透明性と効率性を図るための資金および会計関連規定の整備、②有限責任会社（LLC）・合資会社（LP）のような新たな企業形態の導入、③情報・通信技術の発展に伴う株式および社債の電子登録制の導入、④議決権・配当利益・残余財産の分配に関する多様な株式発行の許容、⑤取締役の自己取引の承認に関する対象範囲の拡大、⑥取締役の会社機会の流用禁止条項を新設して、健全なる企業活動を図り、投資者の保護に寄与、⑦準備金制度と社債発行手続の緩和、⑧取締役の責任について年棒額を基準として減免できるようにし、経営の自律性を最大限に保障した点、など」[4]である。

さらにこうした事項に関わる具体的な内部統制システムおよび外部ガバナンスについては、以下に設けた項目で後述する。

また[5]、証券取引所では、法規として業務規定で有価証券市場規定、コスダック市場規定、コネックス市場規定、派生商品市場規定、一般商品市場規定、場外派生商品清算業務規定、市場監視規定、会員管理規定があり、そのなかには上述した上場制度をはじめ、公示制度、売買取引制度、清算決済制度、会員制度が取り決められ、企業にとってはその対応が求められる恰好となっている。

なお[6]、韓国取引所や金融投資協会、韓国上場会社協議会、コスダック協会と連携している韓国企業支配構造院（CGS）がESG（環境、社会、ガバナンス）

評価(3要素あわせたESG統合評価はS,A+,A,B+,B以下に区分)を企業別にしており、上場企業の社会的責任、投資家たちの責任投資のための明確な環境を提示している。この点についても具体的な企業および企業別評価は後述する。

表3-5　商法における株式会社に関する規定

第4章 株式会社	第1節　設立	
	第2節　株式	第1款　株式と株券 第2款　株式の包括的交換 第3款　株式の包括的移転 第4款　支配株主による少数株式の全部取得
	第3節　会社の機関	第1款　株主総会 第2款　取締役と取締役会 第3款　監査役および監査委員会
	第4節　新株の発行	
	第5節　定款の変更	
	第6節　資本金の減少	
	第7節　会社の会計	
	第8節　社債	第1款　通則 第2款　社債権者集会 第3款　転換社債 第4款　新株引受権付社債
	第9節　解散	
	第10節　合併	
	第11節　会社の分割	
	第12節　清算	
	第13節　上場会社に対する特例	

出所:国家法令情報センター(http://www.law.go.kr/, 2015年2月25日アクセス)参照、作成。

(4) 外資系企業の進出状況，規制

韓国では，上記したコーポレート・ガバナンスや外資系企業に対する制度・規制改革に，1997年アジア通貨金融危機の影響により実施することになったIMF構造調整政策の影響が大きく作用している。

この政策によって[7]，①財閥（企業）の構造調整については，企業経営における透明性の向上（結合財務諸表の作成義務化，国際会計基準による会計制度の改善，社外取締役制度の導入など）や相互債務保証の解消，財務構造の画期的改善，核心部門の設定および中小企業との協力関係強化，支配株主および経営陣の責任強化，金融資本に対する産業資本の支配制限，循環出資と不当内部取引の抑制，不法・変則的相続の防止，を促した。②金融の構造調整については，公的資金投入による金融機関の不良債権の整理と，金融監督体制の一元化および整備（金融監督委員会の設立やBIS比率など健全性規制基準の設定）が行われた。③公共部門の構造調整においては，人員削減および民営化がなされた。④労働部門の構造調整については，整理解雇制の実施と派遣勤労制の施行による労働市場の柔軟化，民主労総と教員労組の合法化による労組の政治活動許容などの措置がとられた。また，⑤対外開放の促進が，制限幅のない自由変動為替レート制への移行（為替自由化）や，外国人の株式投資限度の撤廃，外国人の国内短期金融商品・会社債買入れ制限の撤廃，（外国人）直接投資に対する制限の縮小・優遇政策の制定（資本自由化），一部日本商品において行われていた輸入制限制度の撤廃と貿易関連補助金の一部廃止（貿易自由化），といった政策によって推し進められたのである。

外国の企業がどれだけ韓国に投資しているのか。対内直接投資は，表3－6にまとめた。世界全体でみれば，韓国に対する投資はそれほど増加していないのだが，アジア（とりわけ日本）からの投資は顕著に増えており，アメリカも一定のシェアを保っている。

近年，日本企業が韓国の積極的なFTA政策や韓国国内での低い法人税，安い電気代・産業用水道料金などを目当てに，韓国へ進出している[8]。特に，炭

表3－6　対内直接投資の動向（産業別、地域別）

（単位：100万ドル）

2000

	世界	米国	EU	アジア	日本	中国	台湾	香港	ASEAN	シンガポール	(投資形態別)	
											M&A	グリーンフィールド
総計	15,264	2,921	4,445	4,717	2,451	76	250	123	1,712	297	2,865	12,399
農林, 畜産, 水産, 鉱業	3	-	-	2	2	-	-	-	-	-	-	3
製造業	6,877	875	2,384	968	721	8	42	12	181	32	1,531	5,345
電気電子	2,575	704	694	215	109	3	23	-	78	20	902	1,673
半導体	1,746	630	75	130	100	-	6	-	24	11	880	867
運送用機械	839	26	776	35	32	-	-	-	1	1	361	478
自動車	720	-	720	-	-	-	-	-	-	-	323	397
自動車部品	117	25	56	34	32	-	-	-	1	-	38	79
サービス業	8,129	1,950	2,053	3,595	1,726	67	208	110	1,381	264	1,147	6,981
電気, ガス, 水道, 建設	254	95	7	151	1	-	-	-	149	-	185	69

2005

	世界	米国	EU	アジア	日本	中国	台湾	香港	ASEAN	シンガポール	(投資形態別)	
											M&A	グリーンフィールド
総計	11,565	2,689	4,780	3,513	1,880	68	12	819	641	388	5,268	6,297
農林, 畜産, 水産, 鉱業	3	-	-	2	2	-	-	-	-	-	2	-
製造業	3,078	891	966	944	645	28	8	33	175	146	1,068	2,009
電気電子	1,042	183	453	228	104	7	2	15	98	74	302	740
半導体	620	117	341	142	57	5	1	10	66	53	151	468
運送用機械	706	240	289	126	55	13	-	4	5	4	273	432
自動車	159	-	55	58	-	9	-	-	-	-	110	48
自動車部品	350	52	234	61	53	4	-	4	-	-	162	188
サービス業	8,300	1,752	3,680	2,565	1,231	39	4	786	466	241	4,151	4,149
電気, ガス, 水道, 建設	183	46	133	2	2	-	-	-	-	-	45	138

第3章　韓国のコーポレート・ガバナンス

						2010						(投資形態別)	
	世界	米国	EU	アジア	日本	中国	台湾	香港	ASEAN	シンガポール		M&A	グリーンフィールド
総計	13,071	1,974	3,195	6,898	2,082	414	208	92	1,635	772		2,015	11,055
農林, 畜産, 水産, 鉱業	4	−	−	3	−	1	−	−	−	−		−	4
製造業	6,658	397	1,532	4,467	1,226	310	105	24	392	381		1,155	5,502
電気電子	1,561	−	223	1,013	519	261	46	6	165	156		479	1,082
半導体	1,043	−	41	863	400	250	44	4	156	153		343	700
運送用機械	2,483	48	2,413	6	−	−	12	−	1		34	2,449
自動車	373	−	−	370	−	−	−	−	−	−		1	372
自動車部品	2,079	−	27	2,036	−	3	−	5	1	1		20	2,059
サービス業	6,302	1,572	1,594	2,394	853	101	102	67	1,242	390		858	5,443
電気, ガス, 水道, 建設	106	3	70	33	2	−	−	−	−	−		−	106

						2012						(投資形態別)	
	世界	米国	EU	アジア	日本	中国	台湾	香港	ASEAN	シンガポール		M&A	グリーンフィールド
総計	16,286	3,674	2,716	8,848	4,541	727	21	1,669	1,681	1,405		3,748	12,537
農林, 畜産, 水産, 鉱業	4	−	−	4	−	4	−	−	−	−		−	4
製造業	6,097	1,803	1,288	2,609	2,124	167	12	48	228	126		1,032	5,064
電気電子	1,307	224	256	679	487	16	4	43	111	30		349	957
半導体	572	146	14	390	282	12	2	8	84	4		90	481
運送用機械	1,264	896	179	40	27	2	−	−	−	−		88	1,175
自動車	889	889	−	−	−	−	−	−	−	−		−	889
自動車部品	254	6	157	29	27	2	−	−	−	−		88	165
サービス業	9,601	1,353	1,422	6,201	2,415	553	9	1,591	1,452	1,279		2,702	6,870
電気, ガス, 水道, 建設	582	516	6	33	1	−	−	30	−	−		13	569

(注)：各数値10万ドル以下は切り捨てているため、表中の総額と合わないことがある。表中のサービス業の内訳は、卸・小売、飲食・宿泊、運輸・倉庫、通信、金融・保険、不動産・賃貸、ITやアウトソーシングなどのビジネスサービス業となっている。

出所：産業通商資源部（http://www.motie.go.kr/）参照、作成。

43

素繊維を生産できる東レや，石化製品・潤滑油原料をつくりだせるJX日鉱日石エネルギー，半導体製造装置大手の東京エレクトロン，タッチパネル分野での住友化学，リチウムイオン電池向け絶縁材を製造できる帝人，液晶パネル用ガラスを供給する日本電気硝子，高機能樹脂材料を提供できる宇部興産など，先端素材・部品の生産と高技術を要する産業の投資や工場建設が韓国で活発化しており[9]，他の素材メーカーも韓国における拡大戦略を図っている。また，世界的国際的競合相手であったサムスンとシャープは資本提携し，協力分野の拡大を推し進めている[10]。

他方，金融面では，2003年に米Lone Starが外換銀行の資本金におよそ40％で参与し（2012年から韓国資本のハナ銀行金融グループへ編入）[11]，2004年には米Citi Bankが韓美銀行を買収[12]，SC第一銀行に対しては2005年から英Standard Charteredが100％の資本出資をした[13]。韓国のこれら銀行は，いずれも大手銀行であったが，1997年を画期とした銀行資本の外国勢への受け渡しが顕著に見られる様相となっている。

2 内部統制システム

(1) 機関設計

韓国におけるコーポレート・ガバナンスの構造は，図3−1のように表すことができる。韓国でも「商法上，株式会社の最高意思決定機構は株主総会であり，取締役の選任・解任などは株主総会で行われることとなっている」[14]。それぞれ役割については，「株主総会が取締役を選任し，取締役は会社の委任を受けて業務の執行を行う」[15]こと，「取締役で構成された取締役会が重要な業務執行に関する意思決定を行い，かつ取締役の職務執行を監督する。取締役会は会社を代表する者として代表取締役を選任」[16]し，「株主総会は監査役を選任し，監査役は取締役の業務執行を監視する権限を持つ。まず，監査役は取締役が会社に著しく損害を及ぼす恐れがあると判断した場合は，取締役会にこれ

を報告する義務がある。また，株主総会において，取締役が株主総会に提出する議案・書類を監視し，株主総会でその結果を報告しなければならない」[17]といったことが商法で定められている。

図3-1 韓国の会社における機関設計の概略構成

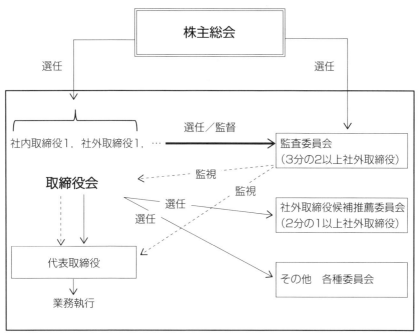

出所：金紅月(2011)「韓国におけるコーポレート・ガバナンス―財閥の会社機関構造に焦点をあてて―」神奈川大学大学院経営学研究科『研究年報』第15号，35ページ，図1。

(2) 株主総会

株主総会における各種取り決めの主要な内容は，以下の表3－7となっている。

表3－7　韓国の株主総会について

(1) 株主総会の種類および開催・召集時期
① 株主総会の種類
・定時株主総会と臨時株主総会に区分されている。3％以上の株式を所有している株主は，株主総会の召集を請求することができる（商法第365条，第366条）
② 株主総会の召集・開催時期
・定時株主総会：1年に1回召集。具体的な召集時期は，定款で定める
・臨時株主総会：
（i）原則として取締役会が召集（商法第362条）
（ii）少数株主の召集要請権：6ヶ月以上の期間内で1．15％以上保有する株主は株主総会の要請権が認定される（商法第542条の6第1項）
（iii）監査や監査委員会による召集
（iv）裁判所の命令による召集
(2) 株主総会の召集・開催手続きおよび召集・開催場所
・日時，場所，会議の目的事項を総会の2週間前に株主に書面または電子文書で通知もしくは公告する（商法第363条）
・本店所在地などで開催（商法第364条）
(3) 株主総会の決議事項および決議方式
① 株主総会の決議事項
・通常決議
：特別決議，特殊決議ではない事項
・特別決議
：出資持分の分割，営業譲渡，事後設立，役員解任，額面割れ発行，定款変更，資本の減少，解散，会社継続，合併および分割，出資持分の包括的交換および移転
・特殊決議
：（i）発起人および取締役の責任免除
：（ii）株式会社の有限会社への組織変更
② 株主総会の決議方式
・通常決議は出席した株主の議決権の過半数および総議決権の4分の1以上，特別決議は出席した株主の議決権の3分の2以上および総議決権の3分の1以上（商法第434条，第368条）

出所：韓国取引所（http://www.krx.co.kr/）「2014年KRX上場審査ガイドブック」（2015年2月24日アクセス），314～315ページ。

(3) 取締役会の構成と規定

取締役会における各種取り決めの主要な内容は，以下の表3－8となっている。

表3－8　韓国の取締役および取締役会について

(1) 人員
・3名以上の社外取締役が4分の1以上であること（商法第383条，第542条の8）
(2) 取締役の選任および解任
・取締役は株主総会において通常決議で選任し（商法第382条第1項），特別決議で解任（商法第385条第1項）
(3) 取締役会
取締役会は必須機関である（商法第361条） ① 取締役会の開催・召集手続き ・各取締役は取締役会を召集することができる（商法第390条第1項） ② 取締役会の決議要件 ・取締役の過半数の出席と出席した取締役の過半数の賛成で議決（商法第391条本文） ③ 取締役会の議事録 ・取締役会の議事録を作成・維持する義務がある（商法第391条の3第1項），株主はこれを閲覧する権利がある（商法第391条の3第3項）
(4) 取締役の報酬
・株主総会で定める（商法第388条）
(5) 取締役の責任免除
・株主総会の同意で免除可能
(6) 取締役は該当する会社の常務に従事（常勤で職務にあたる）せず，次のいずれかに該当しなければならない
－会社の常務に従事する取締役および被用者もしくは最近2年以内に会社の常務に従事した取締役・監査および被用者 －最大株主が自然人である場合，本人とその配偶者および直系尊属・卑属 －最大株主が法人である場合，その法人の取締役・監査および被用者 －取締役・監査の配偶者および直系尊属・卑属 －会社の親会社または子会社の取締役・監査および被用者 －会社と取引関係など重要な利害関係にある法人の取締役・監査および被用者 －会社の取締役および被用者が取締役にある他の会社の取締役・監査および被用者

出所：韓国取引所（http://www.krx.co.kr/）「2014年KRX上場審査ガイドブック」（2015年2月24日アクセス），315～316ページ。

3 外部ガバナンス

(1) 主要なプレイヤー

　韓国のコーポレート・ガバナンスの類型は，表3－9のように位置づけられよう。1997年IMF構造調整策によって「採用した企業改革モデルは　市場を重視した米国型システムである。しかし，韓国が米国型モデルに基づいて新しい経営システムを構築することは困難である。その理由としては，米国型モデルでは企業監視などで資本市場（株価・M&Aなど）が重要な役割を果たすが，韓国では資本市場の主要プレイヤーが財閥であり，1999年の現代証券による株価操作事件にみられるように，資本市場が公正で規律ある市場として育っていないからである。また，米国モデルでは企業トップマネジメントにおいて，社外取締役を中心に取締役会が経営を効果的に監視し，経営者に問題があれば解任するケースもみられるが，韓国の大企業においては統帥の経営決定権が強大であることから，効果的なチェック・アンド・バランス機能が作動できていないからである」[18]と韓国における外部ガバナンスは指摘され，ゆえに，実状は「大幅な内部ガバナンスにおける変化は難しく，また政府の関与・方針の具体化も，財閥の内部調整により，形だけのものとなっている場合が多い」[19]のである。

表3－9　コーポレート・ガバナンス（企業支配構造）における類型について

支配構造	所有経営型	経営者統制型	内部者統制型
所有	個人・一族	株主・投資家	銀行・法人
統治	総帥	専門経営者	経営陣・労働者・労働組合
監視	政府	製品・資本市場	銀行・内部者
主な地域	韓国	米国	日本・ドイツ

出所：チョ・ソンジェ（2002）「企業支配構造と労使関係」民主主義社会研究所『企業民主主義と企業支配構造』ペクサン書店，145ページをもとに作成した梁先姫（2010）「韓国財閥の所有構造の変遷とコーポレート・ガバナンス」四天王寺大学『四天王寺大学紀要』第49号，18ページ，＜表1＞。

表3-10 韓国における株主の権利行使について

(1) 株式の譲渡
・上場法人の場合，譲渡制限なし
(2) 新株引受権
・原則として株主がもっていても，定款で定めたところにより，株主以外の者に割り当て可能（商法第165条の6）
・新株が一般公募増資方式を通じて発行されている場合は，該当の基準株価に適用される割引率は30％を超過することができず，第三者割当増資方式の場合，割引率は10％を超えることができない
(3) 代表訴訟
・1％以上の株式を所有する株主または0.01％以上の株式を6ヶ月前から継続して保有している株主は取締役，発起人，清算人に対する代表訴訟，不公正な価格で株式を取得した者に対する差額請求，株主権行使と関連した利益供与をした者がいる場合，その利益返還の訴訟，取締役の責任追及のための代表訴訟などを提起することができる（商法第403条，第542条の6第6項）
(4) 違法行為の差止請求権
・1％以上の株式を所有する株主または0.05％以上の株式を6ヶ月前から継続して保有している者は違法行為の差止請求権の行使が可能（商法第402条，第542条の6第5項）
(5) 解任請求権
・3％以上の株式を所有する株主または0.05％以上の株式を6ヶ月前から継続して保有している株主は，取締役，清算人に対する解任請求をすることができる（商法第385条，第542条の6第3項）
(6) 株主提案権
・議決権のある株式の3％以上を保有している株主または1％以上の株式を6ヶ月前から継続して保有している株主は，取締役に一定の事項を株主総会の目的事項とすることを提案できる（商法第363条の2，第542条の6第2項）
(7) 会計帳簿閲覧権
・3％以上の株式を所有する株主または10/10,000以上の株式を6ヶ月前から継続して保有している株主は，会計帳簿の閲覧を請求をすることができる（商法第466条，第542条の6）

出所：韓国取引所（http://www.krx.co.kr/）「2014年KRX上場審査ガイドブック」（2015年2月24日アクセス），317～318ページ。

こうした状況から，株主の権利行使も重要になってくる。表3-10にまとめたので参照されたい。特に，株主代表訴訟における要件緩和は，外部環境によ

表3－11　株式における所有構造の比率

(単位：％)

	2000	2001	2002	2003	2004	2005	2006	2007	2008	2009	2010	2011	2012	2013
＜株主数＞														
政府および政府管理の企業	0.00	0.00	0.00	0.00	0.00	0.00	0.00	0.00	0.00	0.00	0.00	0.00	0.00	－
機関投資家	0.01	0.01	0.01	0.01	0.01	0.01	0.02	0.01	0.01	0.01	0.01	0.02	0.02	0.02
一般法人	0.34	0.28	0.27	0.27	0.28	0.31	0.35	0.30	0.25	0.45	0.32	0.31	0.36	－
個人	99.29	99.38	99.38	99.33	99.26	99.16	99.06	99.17	99.21	99.00	99.02	99.03	98.91	98.89
外国人	0.36	0.33	0.35	0.39	0.45	0.52	0.57	0.53	0.53	0.55	0.65	0.64	0.71	0.74
計(1,000人)	3,304	3,888	3,974	3,937	3,763	3,537	3,613	4,441	4,627	4,665	4,787	5,284	5,015	5,076
＜株式数＞														
政府および政府管理の企業	10.70	6.78	6.58	5.04	4.58	3.44	3.23	2.92	2.93	1.04	2.96	2.05	3.65	3.54
機関投資家	15.28	16.48	19.70	12.57	14.88	13.88	12.42	11.10	5.33	12.36	10.99	12.03	11.38	11.29
一般法人	19.46	19.30	20.05	20.11	18.09	17.52	17.51	20.35	22.01	14.10	24.57	25.61	24.61	23.86
個人	43.15	45.66	44.20	48.29	45.66	48.29	51.32	52.28	59.36	62.05	50.08	48.44	48.80	49.49
外国人	11.41	11.77	9.48	13.99	16.78	16.87	15.53	13.34	10.37	10.45	11.40	11.86	11.56	11.82
計(100万株)	26,354	27,992	36,981	35,792	35,603	37,287	41,562	47,754	50,945	54,699	56,041	55,815	56,835	56,552
＜時価総額＞														
政府および政府管理の企業	13.20	8.94	6.56	4.58	4.13	3.65	3.93	2.87	2.75	1.71	3.28	2.39	3.28	3.29
機関投資家	16.43	15.35	15.28	15.70	17.01	18.56	20.80	19.98	11.69	12.04	13.45	12.97	15.84	16.08
一般法人	19.93	17.12	19.82	18.77	17.95	18.02	18.13	20.96	28.34	21.24	28.01	29.64	24.48	24.09
個人	23.47	26.42	25.55	23.29	20.80	22.59	21.98	25.25	29.96	34.57	24.09	24.40	23.99	23.64
外国人	26.98	32.17	32.79	37.67	40.10	37.17	35.16	30.94	27.25	30.44	31.17	30.60	32.41	32.91
計(兆ウォン)	216	308	296	393	444	726	777	1,052	622	973	1,236	1,145	1,263	1,305

出所：韓国取引所 (http://www.krx.co.kr/) 参照、作成。

るガバナンスを活性化させている。株主代表訴訟など，近年になって多くの事例が報告されている。

また，株式における所有構造を表3－11から考察すると，株主数や株式数では個人や一般法人が多くの割合を占めているのに対し，時価総額では外国人の比率が高いことが特徴である。

(2) 情報開示

前述したIMF構造調整策によるコーポレート・ガバナンス改革では，開示「公正開示」(fair disclosure) 制度（四半期報告書の開示）が強化された[20]。しかし（後述するが）韓国では，財閥というオーナー一族で運営されている会社が多く，所有と経営が明確に分離されていない点で，情報開示には不透明さがある。グローバル・スタンダードを推し進めているが，企業のホームページから確認（閲覧）できる会社情報（IRなど）においても，各企業で大きなバラつきがあり，情報開示が適切に行われていないと指摘できよう。

(3) 株主行動主義の状況

前出の表3－10からわかるように，少数株主の対象が拡大し，少数株主権が強化されている。韓国では，「このような少数株主権の行使要件の緩和と共に，商法改定では，株主総会における取締役の選出の際，日本の累積投票制に該当する，『集中投票制』を導入した」[21]。これは，株主権利の保護のための代表的な制度である[22]。説明すると，「取締役は株主総会にて選任されるが，株主の投票件数は株式の保有数であり，取締役選任の際も，改定前の方式では，取締役一人あたり，各株主が投票権を行使できるため，多数決の原理上，大株主が取締役指名に影響力をもち決定権をもつ仕組みになっていた。しかし，集中投票制は2人以上の取締役を選任する際，議決権がない株式（優先株）を除いた発行株式数の3％以上の株式を保有する株主は，定款で別途に定めている場合を除いて，一株当たり，選任する取締役数と同一の議決権を取締役候補1人に集中して行使するか，または2人以上に分散して，投票する方法に基づいた

取締役選任を請求することができるというもの」[23)]となったのである。

ゆえに，同制度の導入は，少数株主が取締役を選任できる可能性を高めてくれること，しかし一方で，支配株主および経営陣の影響力を低下させてしまうことが懸念され，同制度を積極的に採用している企業は少ない状況である[24)]。

(4) M & A

M&Aについても，表3−12に示したとおり，その潮流は規制緩和である。その実態は，図3−2および図3−3からも看取できるように，1997年経済危機／IMF構造調整政策を境にした大きな変化が特徴である。

実際，どのような動きがあったのか。前述したが，まず，この間の金融改革によって[25)]，金融機関における営業停止や合併，外国資本への売却，破産などが一挙に進んだ。1997年末に33行あった銀行は2001年8月末までに22行となり（以下，同期間），総合金融会社は30社→9社，証券会社36社→30社，投資信託会社31社→24社，保険会社50社→37社，リース会社25社→16社，貯蓄銀行231行→153行，信用組合1666組合→1326組合と大きく減った。さらに，企業改革が強く推し進められたことによって，サムスン，現代，大宇，SK，LGの5大グループの系列企業20社，6〜64大財閥の系列企業32社，非系列企業7社などが経営不振の状況で整理対象となり，債権銀行から協調融資を受けた財閥11社のうちハンファ（韓国火薬），東亜建設，コハップ（高麗合繊），ヘテ，シンホ（新湖），ニューコア，ハンイル（韓一）など7社の事実上破産状態にある系列企業が解体させられた。

表3-12　M&Aに関する規制について

年	内容
1968	資本市場育成法導入
1991	証券会社にM&A業務許可
1994	経営権保護条項廃止，5％Rule制度スタート
1997	改定証券法施行，M&A関連規定大幅改定
1998	外国人50％以上株式所有可能，義務公開買収制度廃止
1999	自社株式取得制限廃止
2001	公開買収事前申告制廃止，出資総額制限制度廃止
2002	銀行所有規制推移変動・同一人所有限度10％まで拡大，産業資本4％
2003	バンカシュランス導入法案発表　新成長動力産業確定，出資総額制限適用排除
2004	金融系列会社議決権縮小導入，私募投資ファンド（PEF）制度導入のための間接投資資産運用法改定案通過
2005	証券取引法の改定による公開買収の不効率的な長期化防止，新株発行等の防御行為に対する禁止規制解除，5％報告制度強化，証券会社市場外派生商品業務許可
2006	迂回上場規制法案導入，商法改定案・経営権防御とM&A活性化法案追加，出資総額制限制度改定
2007	保険会社買収要件緩和，資産運用会社がM&A時自己資本対負債比率規制緩和

出所：蘆貞蘭（2012）「韓国のM&A歴史と取り巻く環境」新潟産業大学東アジア経済文化研究所『新潟産業大学経済学部紀要』第40号，126ページ，表1，一部加筆。

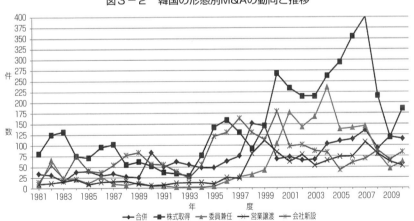

図3-2　韓国の形態別M&Aの動向と推移

出所：蘆貞蘭（2012）「韓国のM&A歴史と取り巻く環境」新潟産業大学東アジア経済文化研究所『新潟産業大学経済学部紀要』第40号，123ページ，図1。

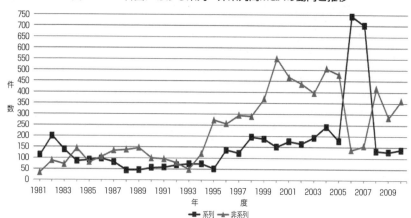

図3-3　韓国における系列・非系列間M&Aの動向と推移

出所：蘆貞蘭（2012）「韓国のM&A歴史と取り巻く環境」新潟産業大学東アジア経済文化研究所『新潟産業大学経済学部紀要』第40号，124ページ，図2。

　こうして，自力で立て直すことが難しい状況にあった企業は，債権銀行の主導で財務構造改善を進めるワークアウト（企業構造改善作業）や，政府の強力な干渉のもと財閥間の事業交換および事業専門化の促進かつ重複・過剰投資の解消を目的としたビッグディール（大規模事業交換）が実行された。事業の「選択と集中」が推し進められ，多くの財閥はさらなる再編を迫られることになっていった。それは，石油化学，半導体（電子），鉄道車両，発電設備，船舶用エンジン，航空機，自動車，製油の部門において，5大財閥で事業交換しつつ特出した強みをもっていこうという方案であった。自動車産業は現代，大宇，起亜，双龍，サムスンの5社体制から，起亜を買収した現代，双龍の経営権を一部引き継いだ大宇，サムスン自動車と大宇電子の事業交換（1999年サムスン自動車の会社更生手続申請と大宇財閥の経営危機が重なり白紙化）によって，現代と大宇の2社体制になった（1999年に大宇財閥が破綻し，分離独立した事業で大宇の系列企業が継続して経営されているものの，大宇財閥・グループとしての活動は行われなくなっていった。自動車産業は，実質的に現代自動車1社体制となっている）。半導体産業では，サムスン，現代，LGの3社体制から，1999年にLG半導体を吸収合併

した現代電子（2001年に現代グループから経営分離・独立しハイニックス半導体となる→2012年にSKが買収しSKハイニックスとなる），サムスンの2社体制となった。他部門でも事業集約は同様に進められ，航空機産業2社体制，船舶用エンジン産業2社体制，発電設備産業1社体制となったのである。

4 社会における企業

(1) 企業の腐敗状況

　世界各国（主として公的部門）の汚職・腐敗について調査・研究しているTransparency Internationalは[26]，それぞれの国の腐敗認識指数を算出し，各国をランクづけしている。その実態に関わってくるのは，政府，議会，自治体，民間企業などであり，とりわけ政府と財閥の癒着関係が顕著な韓国においては，ひとつの指標になる。2014年の同指数のランクでは，174か国中，韓国は第43位に位置づけられている。なお，シンガポールは第7位，日本は第15位，台湾は第35位，中国は第100位となっている。

　事例としては記憶に新しい，韓進（ハンジン）グループ（財閥）に属する大韓航空の「ナッツ事件」（2014年12月）が知られるところである。企業経営における賄賂や不正といった点ではないが，財閥3世にして40歳の副社長が起こした創業者一族の支配と経営の圧倒的コントロールの問題をあらためて認識させる事件であった。

　以上のように論じてきた韓国社会におけるコーポレート・ガバナンスの構造的問題は，図3－4のように示すことができるだろう。

　韓国は「サムスン共和国」，「財閥共和国」とも表現され，「普段の国民生活において，いくつかの主要財閥が供与する物品やサービスを消費することなしに韓国での生活は一日たりとも成り立たない」[27]経済構造であるといわれている。いわば生産過程から流通過程まで，ひとつの企業で形容されてしまうほどである。

韓国における「財閥」は，いくつかの企業が船団式にあつまった企業集団・グループである[28]。企業集団内の個々の企業は，法的には互いに独立的であるが，実際には資金や労働力の面で相互に結びつき，ひとつの企業のように管理されている。こうした企業集団としての韓国財閥は，二つの基本的性格をあわせもつ。すなわち，①企業集団が国民経済を支配する独裁資本であるという「対外的性格」，②企業集団は大株主の総帥・個人（およびその家族）によって支配されているという「対内的性格」である。また，対外的側面は「経済力集中問題」，対内的側面は「企業支配構造の問題」と把握でき，そのほかに言及される財閥の性格（多角的経営や借入依存の経営，政経癒着など）は，この2点から派生する副次的なものである，ということができる。

図3-4　発展国家と財閥体制の問題点

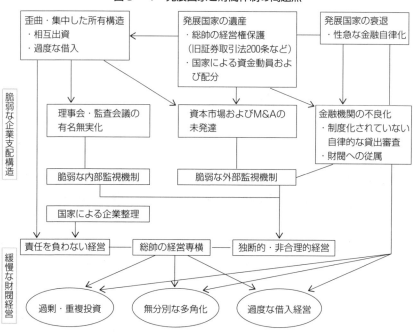

出所：ソン・ミンギョン（1998）「国家主導的成長体制と財閥」イ・ビョンチョン，キム・ギュンピョン『危機，そして大転換』ダンデ，287ページ，を援用したユ・ムンム（1998）「グローバリゼーションと新自由主義　そして韓国資本主義」仁川大学平和統一研究所『統一問題と国際関係』第9巻，143ページ，＜図表2＞。

第3章　韓国のコーポレート・ガバナンス

とりわけ，コーポレート・ガバナンス（企業統治，企業支配構造）で問題として取り上げられるのは，「循環出資」である[29]。「循環出資」とは，「会社甲が会社乙の株式を所有し，会社乙が会社丙の株式を所有し，会社丙が会社甲の株式を所有すれば，3つの会社間における循環出資ということができる。もちろん，4社あるいはそれ以上の数の会社間でも循環出資は存在する。会社間の株式所有関係が繋がって回れば，それは循環出資である。（…）少なくとも1997年までは循環出資が多くなかった。同一オーナーがいくつもの会社を支配し，その株式所有によって繋がっている場合が多いことはあったが，会社間で株式の所有関係が循環する場合は多くなかった」[30]。要するに，1997年以降，系列企業・グループにおける経営権の分離・独立が推し進められていったが，この「循環出資」によって，総帥一族は，少ない持分でも数多い系列会社の支配権を実質的にもつことを意味している。いわゆる株式持ち合い，相互保有なのだが，何十社もあるグループ会社間でかつオーナー一族でという点が特徴的なのである。この「循環出資」の現状やそれを含めた持分関係および所有支配構造については，公正取引委員会（http://www.ftc.go.kr/）と同系列ウェブサイトにおいて詳細に検討されている。

　このような構造が政治や社会，文化などと複雑に絡み合っており，財閥運営の強さあるいは問題点となって議論されている。なお，最近になって「循環出資」を規制するような法律も施行されてきており，各財閥で検討され改善の方向に向かっているとされる。

(2) 社会的責任に対する考え方

　こうして，韓国でも「企業の社会的責任」を考究する論調が，近年になって盛んになってきている。韓国におけるCSRに言及するときには，全国経済人連合会（日本の経団連にあたる）が2009年に実施した「国内企業の倫理経営現況およびCSR推進実態調査結果」による結果が示される。同報告書（対象は売上高上位200大企業の中の139社，回答率63.3％）には，「回答企業88社のうち，95％の企業が『倫理経営憲章』を採択しており，92％の企業で社内の企業倫理教育

が行われている。また，70％の企業がCSR推進のための運営部署を設置しており，60.2％の企業がCSRの専門員会を設置・運営していることが明らかにされている。2005年度におけるCSRの運営部署の設置率が31％だったことを考えれば，多くの企業がCSRを認識するようになり，対応の必要性を感じている」[31]という理解になる。しかし，「韓国で行われているCSR活動というのは，企業に対する批判・不信への対策として財閥企業を中心として展開された社会貢献活動が中心となっており，とりわけ寄付活動，ボランティア活動として認識されている。これは，反企業感情を解消し，企業イメージを好転させ，ひいてはそれが企業の収益性につながるという経営戦略の一環としての志向が強い」[32]と指摘されているとおり，確かに多くの企業のホームページで載せられているCSR報告書は，こうした傾向が看取できる内容となっている。

また，このような韓国のCSRの活動において，ステークホルダーとの関係では次の点が課題となっている。それは，従業員，投資家，サプライヤ，消費者といったステークホルダーに対しては，「女性および障害者の雇用や非正規職の雇用の問題に対する取り組みは消極的であり，人権問題に対しても自社の従業員に限定して最小限の取り組みを行っているのが現状で，従業員に対するCSRへの対応は不十分である」[33]と論及される。

(3) Good practice（事例）

ここでは，コーポレート・ガバナンスの優良企業を提示する。前述したとおり，韓国取引所や金融投資協会，韓国上場会社協議会，コスダック協会と連携している韓国企業支配構造院（CGS）が，「企業の社会的責任（CSR）に対する国際的な流れにあわせ，労働者，消費者，地域社会，環境などの多様な部門の利害関係を反映しようと，この間，実施してきた"支配構造（G）"に，"社会（S）・環境（E）評価"を追加し，ESG評価モデル」を行っている[34]。韓国企業支配構造院は，このESG（環境，社会，ガバナンス）評価（3要素あわせたESG統合評価はS，A＋，A，B＋，B以下に区分）を企業別にしている。その結果は，表3－13，表3－14を参照されたい。

第3章　韓国のコーポレート・ガバナンス

表3-13　2014年ESG評価の結果

等級	ESG統合等級		ESG部門別等級					
	企業数	(％)	ガバナンス(企業数)	(％)	社会(企業数)	(％)	環境(企業数)	(％)
S	0	0	0	0	0	0	0	0
A+	2	0.3	13	1.9	4	0.6	6	0.9
A	44	6.3	30	4.3	59	8.5	40	5.8
B+	88	12.7	111	16	81	11.7	135	19.4
B以下	560	80.7	540	77.8	550	79.2	513	73.9
計	694	100	694	100	694	100	694	100

出所：韓国企業支配構造院（http://www.cgs.or.kr/）参照，作成。

　また，韓国証券取引所もコーポレート・ガバナンスの模範企業を選定しており，「その主要基準は，株主の権利保護，取締役機能の活性化および運営の効率性，経営透明性の向上，監査機構の効率的運営などでなど」[35]であり，「模範企業として，最優秀企業および優秀企業に選定される企業に対しては優待待遇をし，上場企業のガバナンスの改善を促している」[36]のである。10社が選定されており，2012年には，SKハイニックス，ポスコケムテック，サムスン電機，S-OIL，聖光ベンド，ダウムカカオ，斗山インフラコア，SFA，コーロン生命科学，KB金融，となっている[37]。

表3－14　2014年ESG統合評価：企業別

等級	会社名				
S	S-OIL	サムスン電機			
A＋	BSフィナンシャルグループ	DGBフィナンシャルグループ	GS建設	KBフィナンシャルグループ	LG生活健康
	LGユープラス	LGイノテック	LG電子	LG化学	SKテレコム
	大林産業	東部火災海上保険	斗山	斗山エンジン	斗山インフラコア
	斗山重工業	ロッテショッピング	ロッテケミカル	サムスンSDI	サムスン生命保険
	サムスンエンジニアリング	サムスン電子	サムスンテックウィン	サムスン火災海上保険	新韓フィナンシャルグループ
	SKC	SK C&C	LIG損害保険	LGディスプレイ	LGハウス
	ウリ フィナンシャル グループ	Eマート	第一毛織	KT	KT&G
	ポスコ	ハナ フィナンシャルグループ	韓国ガス公社	韓国電力公社	韓国タイヤ
	現代モータース	現代尾浦造船	現代重工業	現代海上火災保険	
B＋	CJ	CJ第一製糖	GSリテール	LG	LG商事
	LG生命科学	LS産電	SKガス	SKネットワークス	SKイノベーション
	SKケミカル	江原ランド	高麗亜鉛	錦湖産業	錦湖石油化学
	錦湖タイヤ	起亜自動車	ネイバー	大教	大徳電子
	大宇インターナショナル	大宇造船海洋	大宇証券	大韓航空	東国製鋼
	斗山建設	ロッテ損害保険	ロッテ製菓	ロッテ七星飲料	ロッテハイマート
	万都	メリッツ火災海上保険	未来アセット証券	サムスン物産	サムスン精密化学
	サムスン重工業	サムスン証券	三養社	三養ジェネックス	三千里
	三湖	三和ペイント工業	星信洋灰	新世界	新世界インターナショナル
	双龍自動車	CJ大韓通運	アモーレパシフィック	アシアナ航空	SKハイニクス
	イエスコ	OCI	ウリ投資証券	熊津エナジー	熊津ケミカル
	柳韓洋行	済州銀行	中小企業銀行	KCC	コスモ新素材
	コーロン インダストリー	コーロン プラスティック	コーウェイ	泰栄建設	プルムウォンホールディングス
	豊山	ハイト真露	韓国シェル石油	韓国地域暖房公社	韓国鉄鋼
	韓国タイヤワールドワイド	韓国航空宇宙産業	韓獨	韓美薬品	ハンソル製紙
	ハンソル ケミカル	韓電KPS	韓進海運	韓火	韓火生命保険
	韓火ケミカル	現代建設	現代薬品	現代ウィア	現代自動車
	現代製鉄	現代ハイスコ	ヒューケムス		

（注）　この等級づけは，2013年会計年度を対象に評価した点数をベースに等級化したものである。
　　　2013年新規上場企業，2013年から2014年6月現在で管理対象・等級保留の企業は除外している。
出所：韓国企業支配構造院（http://www.cgs.or.kr）参照，作成。

(4) 国内外の問題意識

上述した韓国財閥の特徴から，内部と外部の求めるガバナンスのあり方には，大きなズレがあると言わざるを得ない。

韓国では[38]，1997年経済危機／IMF構造調整政策を契機に，OECDが求めるコーポレート・ガバナンスの原則にそって，証券業界，企業セクター，学会，市民団体および関連研究機関を代表する者で構成された「コーポレート・ガバナンス委員会（企業支配構造改革委員会）」が設立された。コーポレートガバナンス・コードに類する「コーポレート・ガバナンスに対する最善の実務（The Code of Best Practice for Corporate Governance）」（または「企業支配構造模範基準」と呼ばれる）が取り決められ，商法や証券取引法などの改正に影響を与えている。（最新版の）2003年版同規定では，株主，取締役会，監査システム，ステークホルダー，市場による経営の監視によって構成され，コーポレート・ガバナンス・システムに対する指針と要請を提起した。

商法や証券取引法には同規定がベースとなって様々な取り決めが反映される形となったが，当時は「途中で市民団体代表と財閥傘下のシンクタンク代表が相次いで辞任するなど，利害関係者間の対立が先鋭化した」[39]経緯もあった。グローバル・ガバナンスの構築を展望してグローバル化を重視するか，あるいは国民経済を支えてきた財閥を保護するか，韓国のジレンマとなっている。

ACGA（Asian Corporate Governance Association）によるコーポレート・ガバナンスがどれだけ機能しているかといった評価では，表3-15に示されているように，韓国はアジアであまり良くない位置づけにあることが国内外の問題意識のズレを顕著に物語っている。

表3-15 ACGAマーケット・カテゴリー・スコア　　（単位：%）

		計	CG Rules & Practice	Enforcement	Political & Regulatory	IGAAP	CG Culture
1	シンガポール	69	68	64	73	87	54
2	香港	66	62	68	71	75	53
3	タイ	58	62	44	54	80	50
4	日本	55	45	57	52	70	53
5	マレーシア	55	52	39	63	80	38
6	台湾	53	50	35	56	77	46
7	インド	51	49	42	56	63	43
8	韓国	49	43	39	56	75	34
9	中国	45	43	33	46	70	30
10	フィリピン	41	35	25	44	73	29
11	インドネシア	37	35	22	33	62	33

出所：ACGA（http://www.acga-asia.org/）より，CG Watch 2012 サマリー版マーケットランキング。

5　小括と課題

　韓国におけるコーポレート・ガバナンスの課題は，「財閥」に集約される。それは「途上国」から「先進国」へ戦後の奇跡的な経済発展を遂げた韓国が，その過程において財閥に依存してきた結果でもある。財閥にとっては，国民経済の一翼を担い，確固たる地位を築き上げてきたという創業者一族の粒粒辛苦の自負もあるだろう。もちろん，1987年まで軍事独裁政権であった韓国においては，政府と財閥と癒着した常態的な関係があったことも事実である。

　かかる状況下，韓国4大財閥（サムスン，現代，LG，SK）および派生財閥グループの総売上高がGDPに占める比率は，2002年末42.5％→2007年末45.4％→2010年末61.5％（以下，同順）となっており，10大財閥および派生財閥グループ・系列企業の同比率は49.7％→55.7％→72.7％にものぼる[40]）。財閥をめぐって多くの議論があるにせよ，今やサムスン電子や現代自動車は世界的企業，多国籍企業となり日本の企業をも凌ぐ勢いである。

　ガバナンスにおける財閥自身の過度なコントロールをいかにするのか。グ

ローバル化（の基準の導入）を掲げる社会との間に矛盾が発現しないように，不安定な経済社会の構造の調整が急がれる。

（注）
1) World Bank（世界銀行） World Development Indicators（http://data.worldbank.org/products/wdi, Last Updated：12/19/2014），外務省（http://www.mofa.go.jp/mofaj/area/index.html, 2015年1月14日アクセス），JETRO（https://www.jetro.go.jp/world/, 2015年1月14日アクセス）。

  なお，本稿の一部には，大津健登（2014）「韓国の経済発展に関する研究－グローバリゼーション下の韓国資本主義－」（2013年度博士学位請求論文）明治大学，を参照，援用（直接引用）している。
2) 本節は，韓国取引所（http://www.krx.co.kr/）を参照。なお，本文中の「　」はウェブサイト内における原文ママの引用。
3) 本段落は，国家法令情報センター（http://www.law.go.kr/）を参照。
4) 李芝妍（2011）「2011年韓国商法（会社編）改正に関する一考察」東洋大学法学会『東洋法学』第55巻第2号，105ページ。
5) 本段落は，韓国取引所（http://www.krx.co.kr/）を参照。
6) 本段落は，韓国企業支配構造院（http://www.cgs.or.kr/）を参照。
7) 以下で整理したIMF構造調整政策ついては，キム・ギウォン（2000）「金大中政府の構造調整政策」ソウル大学民主化のための教授協議会『金大中政府の構造調整政策：評価と課題』チャ・スンヒ（1998）「世界化とIMF時代の韓国経済　再跳躍のための政策課題」全南大学アジア太平洋地域研究所『アジア太平洋地域研究』第1巻第1号，を参照。
8) 「日本企業　韓国へ」『日本経済新聞』（朝刊）2011年8月14日，「日本で技術者採用」『日本経済新聞』（朝刊）2012年6月17日，「韓国，隠密介入を武器に」『日本経済新聞』（朝刊）2012年10月25日。
9) 同上，参照。
10) 「シャープにサムスン出資」『日本経済新聞』（朝刊）2013年3月6日。
11) 外換銀行（http://www.keb.co.kr/）を参照。
12) 韓国シティ銀行（http://www.citibank.co.kr/）を参照。
13) 韓国スタンダードチャータード銀行（https://www.standardchartered.co.kr/）を参照。
14) 金紅月（2011）「韓国におけるコーポレート・ガバナンス－財閥の会社機関構造に焦点をあてて－」神奈川大学大学院経営学研究科『研究年報』第15号，35ページ。
15) 同上論文，同ページ。
16) 同上論文，36ページ。
17) 同上論文，37ページ。
18) 梁先姫（2010）「韓国財閥の所有構造の変遷とコーポレート・ガバナンス」四天王

寺大学『四天王寺大学紀要』第49号，36～37ページ，傍点引用者。
19) 同上論文，37ページ。
20) 金在淑（2005）「会社機関構造とコーポレート・ガバナンス」佐久間信夫編著『アジアのコーポレート・ガバナンス』学文社，108～109ページ。
21) 梁先姫，前掲論文，40ページ。
22) 金在淑，前掲書，115ページ。
23) 梁先姫，前掲論文，40～41ページ。
24) 金在淑，前掲書，115ページ。
25) 本段落および次段落はクン・ミンホ（2011）「国家主導から企業主導へ：IMF管理および通貨金融危機以後の国家と財閥との関係変化」韓国人文社会科学会『現状と認識』第35巻第3号，145～154ページ。
26) 本段落は，Transparency International（http://www.transparency.org/）を参照。
27) 鄭章淵（2007）『韓国財閥史の研究－分断体制資本主義と韓国財閥－』日本経済評論社，2ページ。
28) 本段落は，イ・ジェヒ（2002）「韓国の財閥改革と経済民主主義」慶星大学産業開発研究所『産業革新研究』第18巻第2号，60～61ページ，を参照。
29) 本段落は，キム・ジンバン（2005）『財閥の所有構造』ナナム，キム・ジンバン（2007）「30大財閥グループの循環出資－測定と分析－」韓国経済発展学会『経済発展研究』第13巻第2号，を参照。
30) 同上論文，171～172ページ。
31) 安兌爀（2011）「韓国におけるCSRの現状と課題：現地でのインタビュー調査をもとにして(2)」明治大学大学院『経営学研究論集』107ページ。
32) 同上論文，108ページ。
33) 金在淑（2012）「韓国におけるCSRの現状および動向－韓国企業のステイクホルダーへの対応を通じて－」日本大学経済学部『産業経営研究』第34号，50ページ。
34) 韓国企業支配構造院（http://www.cgs.or.kr/）を参照。なお，本文中の「　」はウェブサイト内における原文ママの引用。
35) 金在淑，前掲書，118ページ。
36) 同上書，同ページ。
37) 韓国取引所（http://www.krx.co.kr/）を参照。
38) 本段落は，小関勇編著（2009）『東アジア証券市場におけるコーポレート・ガバナンス』税務経理協会，95～112ページ，を参照。
39) 安倍誠（2005）「韓国の企業統治と企業法制改革」今泉慎也・安倍誠編『東アジアの企業統治と企業法制改革』アジア経済研究所，46ページ。
40) キム・ジンバン（2013）「経済民主化と財閥改革」民主政策研究院（http://www.idp.or.kr/）［特別企画論文］，2013年5月10日アクセス。同論文によると，「4大財閥（サムスン，現代，LG，SK）のうち，1992～2010年の間で，CJ，シンセゲ（新世界），ハンソル（漢拏），現代産業開発，現代百貨店，現代自動車，現代重工業，LS，GSなど9つの財閥グループが分離・独立した。統計の一貫性を保つため，これらを含

第3章　韓国のコーポレート・ガバナンス

んで"4大財閥および派生財閥グループ"と呼ぶことにする。また，販売総額の統計は，外部監査対象の企業だけを対象に作成し，金融保険会社は除外している」としている。つづけて，「"10大財閥"とは"4大財閥"のほかにロッテ，ハンジン（韓進），ハンファ，斗山，ドンブ（東部），デリム」としている。

第4章 中華人民共和国のコーポレート・ガバナンス

1 企業環境

(1) 基本情報

［人口］ 13億5,738万人（2013年）
［首都］ 北京
［言語］ 中国語（公用語）
［民族］ 漢民族（総人口の92％），55の少数民族
［宗教］ 仏教，イスラム教，キリスト教など
［政体］ 社会主義共和政
［議会概要］ 全国人民代表大会が最高の国家権力機関。省・直轄市・自治区および軍隊が選出する代表によって構成。任期5年。毎年1回大会を開催
［通貨］ 人民元
［経済規模］ GDP：約4兆8,640億ドル，国民1人当たり約3,583ドル（2013年時点，2005年基準実績値）

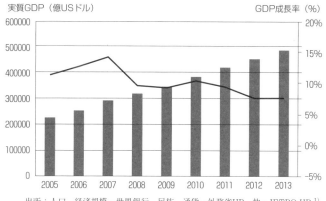

出所：人口，経済規模－世界銀行　民族，通貨－外務省HP　他－JETRO HP [1)]

(2) 主要証券市場および上場会社の概要

　中国の証券市場の歴史は比較的浅い。1979年から始まる改革開放政策から徐々に証券市場の整備および企業の参入が進められてきた。例えば、1981年に中国財政部は初めて国債（国庫券）を発行し、1984年には上海飛楽音響が中国国内で最初の株券を発行、1985年には上海延中実業株式が企業集団として株式を発行している。

　1986年、上海信託投資会社の靜安証券業務部は30年余り中断していた証券の取引業務を再開し、上海の株券の店頭取引を開始した。1988年には、深セン特区のいくつかの企業に対して株式制を導入して、そのうち5つの企業で株券を販売する試みが実施された。同時に中国各地で上海と深センを模倣した株式制の改革実験が行われ、その後証券会社あるいは取引部署にて店頭取引が行われた。1989年までに全国の株券を発行する企業数は6,000社に達し、取引金額は350億人民元を越え、発行地域は北京、上海、天津、広東、江蘇、河北、湖北、遼寧、内モンゴルなどの省市など極めて広範囲に及んでいた。しかし、正式に許可を得て規範に適合する株券の発行を認められた企業は100社ほどであった。そのため、多くの企業の株式は、取引記録、取引確認制度、決済記録、監視制度、情報公開などについて整備されないまま取引されていた。市場は極めて混乱した状態に置かれていたのである[2]。

　しかし、1990年には上海証券取引所が創設され、同年12月にSDAQ（Securities Dealers Automated Quotations）システムを正式に採用し、本格的な取引が行われるようになった。翌年には深セン証券取引所が営業を開始している。当初の2年間は試用期間として上場企業数は一桁に留められており、1994年に初めて上場企業数が両取引所とも100社を超えた。急速な成長を遂げた今日では2014年12月時点で上海証券取引所に995社、深セン証券取引所に1,618社が上場している。表4-1に上場企業数の推移をまとめた。

第4章　中華人民共和国のコーポレート・ガバナンス

表4-1　上場企業数の推移

	2004	2005	2006	2007	2008	2009	2010	2011	2012	2013
上海証券取引所	837	834	842	860	864	870	894	931	954	953
深セン証券取引所	536	544	592	690	761	848	1169	1411	1540	1536

出所：両証券取引所の各年度『Fact Book』より作成。

　両証券取引所では，人民元建てのA株とアメリカドル建てで発行されたB株の2種の株式が扱われている。当初はA株を国内向け，B株を外国向けと位置付けていたが，近年両者の区別を緩和する動きが取られており，B株は2006年から国内の投資家にも開放されるようになった。2012年の『中国証券期貨統計年鑑』によれば，2011年時点でA株は株式数および市場規模において全体の9割以上を占めており，発行企業数もB株108社に対して2,320社と圧倒的に多い。また，このほかに香港証券取引所にて取引されるH株やニューヨーク証券取引所にて発行されているN株などの分類が存在する。

　上場企業の株式所有構造については，表4-2にまとめた。2011年における非流通株の比率は1％を下回り，大多数がA株として流通している。このことから，長らく中国企業の所有構造における問題点とされてきた国家株の比率の高さは，少なくとも上場企業については解決されていると考えることができよう。ただし，図4-1に表したように中国国内企業全体で考えた場合の株式会社の比率は決して高いとはいえず，国有企業がほぼ同数存在している。中国企業のコーポレート・ガバナンスを考えるうえで中国証券市場が果たす役割は，このような企業形態の分布が今後どのように変化していくかにより大きく変化するといえる。

表4-2　上場企業の株式所有構造（2011年）

	期末発行済株式総数	比率（%）
1　流通株	2968050	99.70%
（1）　上場分	2266296	76.13%
A株	2236763	75.14%
B株	29532	0.99%
（2）　非上場分	701754	23.57%
A株	701754	23.57%
B株	0	0.00%
2　非流通株	8842	0.30%
国家持株	139	0.00%
国家法人持株	5716	0.19%
国内法人持株	1952	0.07%
外国法人持株	1034	0.03%

出所：CSRC『中国証券期貨統計年鑑2012』より作成。

図4-1　中国企業の形態別比率（企業数基準，2013年）

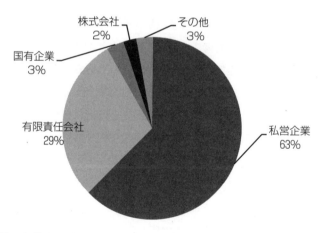

出所：中華人民共和国国家統計局編『中国統計年鑑2014』より作成。

　上海証券取引所が公開している自己基準3)によれば，新規上場を果たすための基本的な条件は以下の通りである。

　①　中国証券監督管理委員会（CSRC）の認可を得た公開株式である。

② 自己資本総額が5千万人民元以上である。
③ 公開株式数が総株式数の25％以上である。ただし，自己株式が4億人民元を超える場合は，10％以上であること。
④ 直近3年間で，違法行為に関わっておらず財務報告において虚偽記載がない。

ただし，これは上海証券取引所のA株における基準であり，このほかに関係各機関の定める基準を満たさねばならないこと，またB株やH株では基準となる数値が異なることに注意が必要である。上場廃止については，直近の純利益や売上高，資産などが規定を下回る減少に陥った場合，また基準通りの財務報告が行われなかった場合などに当該企業の株式はST銘柄と呼ばれる上場廃止リスクが高いグループに移動され，改善が観察されなければ上場廃止が決定される。ただし，これについては新基準が審議されており，近々変更される可能性が高い。

(3) コーポレート・ガバナンスに関わる規制および規制主体

規制は次の4点に大別される。すなわち，会社法や証券法などの法規制，国務院の指導意見や声明の形で表される行政法規，その他の関係行政機関から発される諸規制，証券取引所などの自己基準である。まず法規制に関しては，2005年10月に改正された会社法および証券法が主なものとして挙げられる。特に会社法の改正は，取締役および監査役の権限が強化され，株主代表訴訟制度の導入などにより少数株主の保護が図られたことから，中国のコーポレート・ガバナンスを考えるうえで意義深い改革であったといえる。行政法規に関しては，直近では2014年5月に発表された「資本市場の健全な発展をさらに促進するための若干の意見」[4]が重要な例として挙げられる。これは証券市場における情報公開制度や上場廃止制度などの整備および取引の多様化を図ることにより，2020年までにより効率的かつ安定性の高い市場を確立することを目指したものである。その他の関係行政機関から発される諸規制では，2002年に発された「上場会社のコーポレートガバナンス・コード」[5]を始めとして，2006年の

「上場会社の株主総会規則」や「上場企業の合併基準」，2007年の「上場会社の情報開示基準」などが代表的である。証券取引所などの自己基準については，前述の上場基準および上場廃止基準が主な内容である。

　規制主体としては，最も有力な存在として証監会と略される中国証券監督管理委員会（China Securities Regulatory Commission：CSRC）がある。これは1998年に設立された国務院直属の機関であり，証券市場の規制を制定し，会計事務所や弁護士事務所を含む証券に関わる全ての主体についての管理監督を行い，違反行為へ処罰を下す権限を有する。これに次いで，会計規則を定める財務部，貿易および内外の経済協力活動を管理する商務部，国有企業を所管する国務院国有資産監督管理委員会，商業活動を取り締まる工商行政管理総局が規制主体として挙げられる。また，これら政府直轄機関ほどの権限はないが，証券取引所もコーポレート・ガバナンスに影響を与える規制機関である。民間資本による自主規制団体などは現在のところ存在しない。

(4) 外資系企業の進出状況，規制

　JETROの発表によれば，2012年末時点において中国へ進出した日系企業は23,094社である[6]。日本企業が中国にて企業活動を行うためには，駐在員事務所あるいは合弁・合作企業，100％出資による独資企業のいずれかを現地に設立する必要がある。ただし，国務院は外国資本の投資対象分野を奨励類，許可類，制限類，禁止類の4つに指定しており，制限類あるいは禁止類に当てはまる場合はこの限りではない。これらの分類は対象産業のリストが公表されており，政府の政策動向および経済状況に鑑みてその都度改定されている。

2 内部統制システム

(1) 機関設計

　中国企業の機関設計は二元制に基づくものである。会社法によれば，取締役会は董事会，監査役会は監事会と呼ばれる。どちらも株主総会にて選任され，任期は3年である。董事会は5名から19名で構成され，過半数の董事の賛成により董事長を選出する。董事会は年に最低でも2回以上，過半数の董事の出席を要件として開催される。会社法により独立取締役を役員に含むことが定められているが，具体的な人数比率は国務院の決定に従う。現行の規定では3分の1以上が独立取締役でなくてはならず，そのうち1人は会計の専門知識を有する者である必要がある。2002年の「上場会社のコーポレートガバナンス・コード」により董事会は指名，監査，報酬，戦略の各種委員会を持つことができることとなったが，これらの構成員は董事会から選出され，過半数は独立取締役でなくてはならない。監事会については，3名以上で構成され，株主の代表と従業員の代表を含まねばならず，これが監事会構成員の3分の1以上でなければならない。従業員の代表は，従業員の選挙により選出される。実際の業務執行にあたるのは総経理と呼ばれる執行役で，董事会により選任される。日本とは異なり必ずしも代表権は持たない。この下に必要に応じて補助を行う副経理が数名配置される。

(2) 株主総会

　会社法によれば，株主総会は会社の重要な意思決定機関であり，経営に関する事項の審議および承認，定款の修正，取締役の任命および解任を行う権限を持つ。年次総会のほか，個人または団体で発行済み株式数の10％以上を持つ株主が求めた場合や役員に欠員が出た場合，その他必要と認められる要件が発生した場合に臨時総会が開催される。なお，年次総会までの日数が30日を下回った場合，株式譲渡による名義の変更は禁止されている。議決権の代理公使は認

められている。

(3) 取締役会の構成と規定

　取締役会は董事会と呼ばれ，会社に対して善管注意義務および忠実義務を負う。日本とは異なり，中国の董事が総経理すなわち執行役を兼任することはない。総経理は董事会あるいは指名委員会にて選出され，必ずしも代表権を持たずいわば「番頭」や「管財人」といった役割を主とする存在である。外国人の董事への就任については規定がないため可能ではあるが，外資との合弁企業などでない限り例は少ない。

　報酬については，明確な開示義務はない。しかし，2014年8月27日に人民網が報じたところによると[7]，2013年には164人の董事長が報酬を開示し，銀行や証券など金融業における報酬の高騰が問題となった。例えば，工商銀行・農業銀行・中国銀行・建設銀行・交通銀行の5大国有商業銀行の董事長の年俸はいずれも100万元を超えた。このうち工商銀行の姜建清・董事長は199.56万元，交通銀行の牛錫明・董事長は179.22万元，中国銀行の田国立・董事長は135.82万元，農業銀行の蒋超良・董事長は113.36万元，建設銀行の王洪章・董事長は112.9万元だった。また，赤字企業の上級管理者の高給取得という問題もある。招商輪船（海運業）は昨年，21.84億元の赤字だったが，黄少傑・副董事長の年俸は124万元（李建紅・董事長の年俸はゼロ）であった。酒鬼酒は3,668万元の赤字だったが，趙公微・董事長の年俸は91.24万元であった。上場企業の上級管理者間における報酬差という問題もある。例えば純利益2.30億元の長城開発の譚文錤・董事長は年俸365.63万元を得ているが，純利益2.90億元の宝信軟件の王力・董事長の年俸は93.90万元とぐっと低い。両社の業績はほぼ同じであるにもかかわらず，董事長の年俸差は270万元余りに達した。このように公開された報酬について問題が議論されているが，これは中央政府が管轄する国有上場企業のみを対象とした調査であり，中国全土の報酬実態については不透明である。なお，株主には董事の報酬へ関与する権限は与えられておらず，通常は董事会内で決定される。

(4) 従　業　員

　社会主義国である中国では，経営に対する従業員の関与の度合いは比較的強い。前述した通り監事会へ従業員の代表が加わるほか，「従業員代表大会」や労働組合にあたる「工会」が組織され企業に対して一定以上の影響力を持つ。これらの組織は「老三会」のうちに含まれる。「老三会」とは，国有企業が株式会社化する以前に組織されていた企業内部の統制システムで，残りの1つは「党委員会」である。会社法に明確な規定はないが，未だ存続しており外国からは理解されにくい組織である。これらに対して，董事会および監事会，株主総会は「新三会」と呼ばれる。

　ただし，従業員の組織が明確に存在することを例えばドイツのようなガバナンス体制に近似するものとして捉えることはできない。「老三会」の筆頭が「党委員会」であることからもわかるように，過去に築かれた体制であることの必然として共産党の影響が非常に強く，従業員の利害というよりは政治的な意思決定が反映していると考えることができるからである。

3　外部ガバナンス

(1) 主要なプレイヤー

① 政　　府

　中国企業のトップは，ほとんどの場合共産党に在籍しており社会主義国家としての枠組みに含まれている。また，中国政府は国内株式会社の非流通株を保有し様々な企業の大株主としての立場を有する。このことから，ガバナンス主体としての政府の役割は非常に強大かつ複雑なものであるといえる。すなわち，規制主体として外部からのガバナンスを整備・強化する政府が企業内部に直接的に関わっており，自己決定の構造を生み出しているのである。

　また，中国共産党の存在が企業の責任の所在を曖昧にしている側面もある。

李（2014）では，企業の役員が共産党の党員としての立場を兼務するために企業自体の成長や質の向上よりも雇用の確保などの党組織の社会的な目標やシェアの拡大などを優先しがちであることが問題視されている。

　ただし，事象だけを捉えれば，政府のコーポレート・ガバナンスに対する姿勢は積極的であるといえる。2002年のコーポレートガバナンス・コードの制定や2005年の会社法改正や証券法改正，CSRCを通した証券市場に対する統制や後述する非流通株の改革は中国企業のガバナンス体制の整備に繋がっている。

② 銀　　　行

　劉（2005）によれば，少なくとも2000年代前半までは間接金融が中国企業にとって最も重要な資金調達方法であった。その多くは銀行による融資であったため銀行によるガバナンスへの関与も考えられる事態ではあるが，有力な銀行は国有銀行であり，政府の影響が強い。また，銀行自体のガバナンスの悪化が問題視される状況にあるため中国企業への外部からのガバナンス主体としての存在感は薄い。

③ 株　　　主

　中国企業の株主構成は，政府等が保有する非流通株が長らく保有率にして全体の半数以上を占めており，証券市場の健全な育成および市場を通じたガバナンスの妨げとなっていた。政府は何度か非流通株の流通株化を図ったが，市場への影響が大きく改革は容易ではなかった。しかし，2005年より開始された非流通株改革の進展により現在では状況が大きく変化している。図４－２にまとめたように，2000年代前半では非流通株が全体の６割以上を占めていたが，2006年以後急速に減少し，2011年時点では流通株が全体の８割を構成するに至った。未だ２割が非流通株であることは近代的な状況であるとは決していえないが，中国の外部ガバナンス制度にとって大きな成果であることは間違いない。また，Gong（2014）などによればここで売却された非流通株のほとんどは機関投資家に吸収されており，後述のように長期的な視点でのガバナンスを行う株主の創出に繋がっていると考えられる。ただし，依然として独占的な大株主の存在は解消されておらず，少数株主の権利は十分に保障されていない。

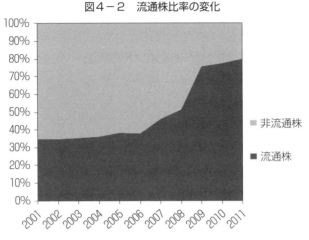

図4-2 流通株比率の変化

出所：CSRC『中国証券期貨統計年鑑2012』より作成。

(2) 情 報 開 示

ACGA[8]における2012年の中国企業におけるガバナンス評価では，中国のコーポレート・ガバナンスに関する規制が実態と乖離している様子の例として，株主総会前の開示書類の発行が会社法で定める総会開催20日前になされていないことを挙げている。また，CSRCなどの関係規制機関による情報開示が充分でないことを大きな減点要素としている。国内の制度面としては国有企業に対しCSR報告書の公開を義務付けるなど情報開示の促進を図っているが，JETROが2013年に公開した「中国リスクマネジメント研究会報告書」によれば，この内容は寄付などの慈善活動の報告の場として捉えられており，有用性は低い。中国企業の透明性は，十分とは全くいえない状況である。

そのなかで，近年新たな動きがとられることとなった。2014年8月7日に国務院により発表された「企業情報公開暫定条例」[9]がそれである。これは，「企業信用情報公開システム」により個別企業の信用情報を公開するとともに，企業自体は同システム上にて企業の基本情報や財務情報，損益などについて公開しなくてはならないとする条例である。現時点においては十分な準備が整って

いないが，今後，中国企業の透明性が大幅に改善されることが期待される制度である。

(3) 株主行動主義，エンゲージメントの状況

Gong (2014)[10]によれば，中国証券市場における機関投資家の保有比率は2001年に5％未満であったのに対し2009年には50％を超えるまでに成長した。これは政府主導の投資ファンド育成政策および国有株の流通株化に伴う株式の受け皿としての役割を担ったためとされる。機関投資家の内訳としては，投資信託が最大のシェアを占めており，生命保険，社会保障基金がこれに続く。投資信託は，CSRCが1997年に「証券投資基金管理暫定規則」を発表し，株式市場における不正行為を防ぎ株価を是正するためにファンドを育成する姿勢を示したことから，ガバナンスの有力な主体となることが期待されている。また，今後の成長性に関しては社会保障基金が注目される。特に年金基金は，最大規模を誇る全国社会保障基金（National Social Security Fund：NSST）が，その資金構成において国有企業のIPOに伴う収益の10％を含むことが規定されており，これを株式で保有するため今後国有企業の直接金融市場への進出が増えるほど機関投資家としての発言権が増加することとなる。加えて，年金基金は，社会主義国家における理念と将来の高齢化社会の安定という政策上の課題から資金の適格な運用を強く迫られており，長期的な視点からのガバナンス主体としての役割を果たすものと考えられる。

海外の機関投資家の中国証券市場に対する進出については，適格海外機関投資家（Qualified Foreign Institutional Investors：QFIIs）の認定を受けたものに限られる。これは証券市場の活性化を目指して2002年より開始された制度で，海外の投資家が指定の基準を満たした場合に登録を受けA株への直接投資が認められている。リストはCSRCのホームページにて公開されており，2013年11月23日登録分を含めて251の投資家が記載されている。

エンゲージメントの具体的な方法としては，会社法により，議決権の代理行使および個人または集団で当該企業の発行済み株式総数の3％を保有する株主

による株主提案が認められている。また，個人または集団で1％以上の株式を180日以上保有している株主は株主代表訴訟を起こすことができる。これらは2005年の会社法改正により加えられた項目であるが，実際の事例は少なく現在のところ実効性は乏しい[11]。

(4) M＆A

方法としては，合併，分割，持分譲渡の3種がある。大枠は会社法により決定されているが，具体的な制度は当該企業の属性により異なる。証券市場における規定に限って言及すれば，当該企業の5％を超える株式を取得した場合はこれを開示せねばならないことが証券法により定められているほか，株式の公開買い付けを行う際には個人または集団で発行済み株式総数の30％を保有せねばならないと規定されている。

4　社会における企業

(1) 企業の腐敗状況

TI－J[12]の2014年腐敗度ランキングによれば，中国は世界で100位に位置している。企業の不祥事も続発しており，健全性は高いとはいえない。近年の事例についてはXu and Wei（2014）[13]に詳しい。この例示に従えば，まず，2013年3月に平安証券が万福バイオテクノロジーの上場のための虚偽記載を見逃したとして，CSRCにより7,665万人民元の罰金を科された事件がある。CSRCによる主幹事機関の独立性調査の結果明らかになったもので，同証券はIPO業務に関わることが3か月間禁止された。また，董事の善管注意義務に関わる不祥事として，深圳深信泰豊グループの件も取り上げられている。深圳深信泰豊グループは2003年から2004年の収益報告書に虚偽があることが判明し，2007年に董事に対して3万人民元の罰金支払いが命じられていた。董事はこれを不服として裁判所へ申し立てを行っていたが，2009年にCERCが勝訴してい

る。

　しかしこれらは，不祥事が発覚してはいるものの，比較的適格な対応が取られた例であるといえよう。対して，楊（2010）14）は中国企業における不祥事の特徴として，経営トップに対する処罰の甘さを挙げている。すなわち，法人代表者による横領事件が多発しているにも関わらず，逮捕後の裁判の行方などが開示されず実刑が下らない場合が多い。表4－3は楊（2010）が作成した2003年から2005年における経営トップの不祥事とその後の経緯のリストをまとめたものである。これによれば，全28例のうち，その後国外逃亡をした例が6件，失踪が3件，取り調べのみが5件存在する。現在の習近平政権は腐敗や不祥事に対し厳格な姿勢を取ることで知られているため今後の中国企業へ何等かの影響がある可能性は高いが，現在のところこのような状況の改善を報告するリポートなどは見当たらない。

表4－3　上場企業の経営トップの不祥事

年月日	会社名	会社への影響	概要
2003年1月	ST南華	巨額損失による上場停止	国外逃亡
2003年2月	世紀中天	株価暴落，連続12日	失踪後逮捕，3年の実刑判決をせず
2003年9月	奥園発展	違法保証による巨額損失	国外逃亡
2003年11月	啤酒花	株価暴落	失踪
2003年12月	南洋船務	株式上場停止	会社資金の流用による逮捕
2004年1月	斉魯石化	子会社が多数破産	汚職による取り調べ
2004年1月	中原高速		巨額資金を持って国外逃亡
2004年3月	ST托普	上場停止	米国休養による帰国拒否
2004年4月	科大創新	巨額損失	会社資金の流用による提訴
2004年4月	ST春都	会社名，業種変更	会社資金の流用による提訴
2004年6月	ST達尓曼	上場停止	国外逃亡，逮捕
2004年7月	ST宏智	経営停止状態になった	失踪後逮捕された
2004年7月	ST天龍		会社資金の流用による提訴

2004年7月	和光商務	会社の訴訟金額は5.4億人民元となった	国外逃亡
2004年8月	格力電気		巨額賄賂による逮捕
2004年11月	創維数碼		会社資金の流用による逮捕
2004年12月	呉忠儀表	巨額違法保証による損失額が3億人民元を超す	賄賂および資金占用による逮捕
2004年12月	閩東電力	10億人民元の資金が行方不明	汚職による取り調べ
2004年12月	伊利（株）		MBOによる逮捕
2005年1月	浙江東方	1億人民元の資産を簿外にする	非流通株の違法譲渡による取り調べ
2005年1月	東北高速	会社資産3億人民元が行方不明	会社資金の流用による逮捕
2005年1月	山東巨力	99年度利益を水増し，違法配当	罰金160万人民元，取締役2年，財務責任者1年判決，実刑せず
2005年1月	東方創業	子会社の資金保証を返済せず	取り調べ
2005年1月	開開実業	巨額損失	失踪
2005年1月	三毛派神	巨額損失	失踪
2005年1月	深セン空港	関連事件に対する会社否認，無関係であった。	逮捕による取り調べ
2005年1月	ST京西	会社再編され，社名変更	会社資金の流用による逮捕
2005年1月	利嘉（株）	株価暴落	逮捕，提訴された

出所：小関勇編著（2010）『東アジア証券市場におけるコーポレート・ガバナンス』，税務経理協会，第1章，24-25ページ，図表1-10を参考に作成。

(2) 社会的責任に対する考え方

現在，最も注目が集まっているのは環境に関する問題である。JETRO（2013）[15]によれば，近年，政府は環境NGOの発展を重要視しており，2008年末に登録されているだけでも3,549の団体が存在している。このうち政府の関与が小さく民間主体と考える団体は508あり，SNSの普及による活動の効率

化などの背景もあり企業に関する実績を持つものも増えてきている。

　企業に関わる活動を行っている環境NGOとして特に興味深いのは，「公衆環境研究中心（IPE）」および「自然之友」である。前者は2006年に設立された組織で，代表者である馬軍氏は2006年にタイム誌「世界で最も影響力のある100人」に選ばれたほか，2013年にはゴールドマン環境省を受賞した人物である。活動としては，ホームページ上にて環境汚染企業のデータベースおよびランキングを無料で公開するとともに，主に大企業に対して環境問題の是正要求および改善案の提案などの積極的な働きかけを行っている。また，NGOの横断的な結合組織である「緑色選択連盟（GCA）」を主導し，調査や企業との対話において連携するほか，環境へ悪影響を与え提案後も改善が見られない企業について，加盟員が購買を停止するなどの行動を起こしている。後者の「自然之友」も同連盟に参加している。こちらは1994年に設立され企業との協調的な環境問題解決を目指しており，国内における代表的な組織であるといえる。

(3)　Good practice（事例）

　少なくとも現在の中国の国家体制では，欧米的なコーポレート・ガバナンスの形式を輸入するだけでは企業にとり最良の行動であるとは判じえない。政府の強い関与が前提となるなかで，いかに効果的なガバナンスの方法を構築するかが問われているといえよう。この意味で，データは少々古いものの，劉（2005）が紹介する中国石化工株式会社[16]のケースは興味深いものである。同社は，石油や液化ガスなどの政府の関与が特に強い資源に関する業務を担う企業でありながら，当時のデータでは董事会構成員と共産党幹部との兼任がみられず，機能分離が進んだ進歩的な董事会を持つ。一方で監事会には共産党関係者の名が連なる。すなわち，政府の関与を経営に関する具体的な意思決定に直接影響させるのではなくチェック機能として間接的に織り込むことで，近代的なガバナンスシステムと中国の社会事情の折衷案を示したものといえる。今後の中国企業の在り方を考えるうえで，示唆に富む内容である。

(4) 国内外の問題意識

　ACGAは，各国のガバナンス状況を評価するCorporate Governance Watchの2012年度版にて，中国のガバナンス状況を前回比4ポイントマイナスと評価した。これの理由として，前述のコーポレート・ガバナンスに関する規制と実態の乖離に加え，コーポレートガバナンス・コードなどの規定に更新が行われないこと，少数株主の保護が不十分であること，また情報開示体制に進展がみられないことなどを挙げている。

　他方で，国内の意識としては2010年の『中国上場企業ガバナンス発展報告』17)がコーポレート・ガバナンスの問題点を次の4つとしている。すなわち，①支配株主による上場会社への不正関与，②効率的でない株主総会，董事会，監事会，③所有者不在による経営者の内部支配，④役員の意識が低く企業文化が欠落していることの4つである。法律の専門化や学者などの間で企業の社会的責任に対する関心が高まっているといわれているが，これらの課題には未だ解決するような兆候は見られない。

5　小括と課題

　中国企業のコーポレート・ガバナンスは，社会主義国であるという要素を抜きには考えることができない。流通株が非流通株の発行量を上回り国内証券取引所における外国の投資家の参入も進んできたとはいえ，企業に対する政府の関与は未だ強力である。また，「老三会」に代表されるような中国独自の内部統制システムが存在することからも，欧米的なガバナンス評価体系のみでは実態を把握することが非常に難しいことは伺えよう。しかし，急速な成長を遂げいまや日本を上回る経済規模を誇る中国は，今後の日本にとって非常に重要な存在である。今後，データの開示が限られているなかでいかに中国企業の置かれている状況を理解し日本企業との相違を体系付けるかが，日本企業がアジアのなかで成長していくための重要な要素となっていくと考えられる。

（注）
1) China Securities Regulatory Commission http://www.csrc.gov.cn/pub/csrc_en/ (Last Updated: 2/1/2014), Shanghai Stock Exchange http://english.sse.com.cn/home/(Last Updated: 2/1/2014), Shenzen Stock Exchange http://www.szse.cn/main/en/(Last Updated: 2/1/2014), World Bank World Development Indicators http://data.worldbank.org/products/wdi (Last Updated：12/19/2014), JETRO 国・地域別情報 https://www.jetro.go.jp/world/（最終閲覧日：2015年1月14日）, 外務省 国・地域 http://www.mofa.go.jp/mofaj/area/index.html（最終閲覧日：2015年1月14日）.
2) 楊雨奇著, 小関勇編著（2010）『東アジア証券市場におけるコーポレート・ガバナンス』税務経理協会, 第1章.
3) 第5章1節1項より。全文は右記より入手可能。（URL：http://english.sse.com.cn/home/public/c/en_sserule20090408.pdf）
4) 原文は「国务院关于进一步促进资本市场健康发展的若干意见」, 以下URLより閲覧可能。
（URL：http://www.gov.cn/zhengce/content/2014-05/09/content_8798.htm）
5) CSRCホームページより入手可能。（英文版URL：http://www.csrc.gov.cn/pub/csrc_en/newsfacts/release/200708/t20070810_69223.html）
6) 元データは, 「2013中国貿易外経統計年鑑」。
7) 右記URLにて記事を閲覧することができる。（URL：http://j.people.com.cn/n/2014/0827/c94476-8775052.html）
8) Asian Corporate Governance Association（2012）, *CG Watch 2012*, CLSA
9) 右記URLより原文参照。（URL：http://www.gov.cn/zhengce/content/2014-08/23/content_9038.htm）
10) Bo, Gong（2014）*Understanding Institutional Shareholder Activism*, Routledge
11) CFA協会（2009）『世界における株主権の現状』より。
12) Transparency International.
13) Xu, Ping and Wei Kao.
14) 楊（2010）, 前掲書, 第1章.
15) JETRO（2013）「2012年度中国環境団体基礎調査」。
16) 中国語表記は, 「中国石油化工股份有限公司」。文中の訳語などは劉長鴿著, 佐久間信夫編（2005）『アジアのコーポレート・ガバナンス』, 学文社, 第7章による。
17) 中国語表記は『中国上市公司治理発展報告』。文中の解説は李東浩著, 佐久間信夫, 出見世信之編（2014）『アジアのコーポレート・ガバナンス改革』, 白桃書房, 第4章による。

第5章　台湾のコーポレート・ガバナンス

1　企業環境

(1) 基本情報

［人口］　約2,334万4,670人（2013年）
［言語］　中国語（公用語），閩南語（台湾語），客家語
［宗教］　仏教，道教，キリスト教など
［政体］　三民主義に基づく民主共和政
［議会概要］　立法院のみの一院制。定数113，任期4年
［通貨］　新台湾ドル
［経済規模］　GDP：約5,112億ドル，国民1人当たり約21,902ドル（2013年時点，名目値）

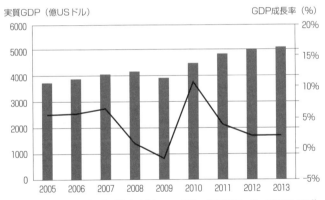

出所：人口，経済規模－行政院主計総処HP　通貨－外務省HP　他－JETRO HP [1]

(2) 主要証券市場および上場会社の概要

　台湾の公開企業の株式は，台湾証券取引所（TWSE）および証券店頭売買センター（GTSM）にて取引される[2]。台湾証券取引所は，政府が株式の3分の1以上を所有する株式会社として1961年に開設された。政府の関与については，この所有構造のほかに役員の3分の1を直接任免する権限を持つなど，現在でも強い影響力を保有していることが特徴として挙げられる。取引所設立当初の取扱企業数は18社のみで，店頭で取引されていた銘柄が強制的に上場された。証券市場の自由度が高まるのは1987年に戒厳令が廃止されてからのことである。翌年には証券取引法が改正され，銀行による証券業務取扱や証券会社の自由な設立が認められた。台湾証券取引所の取扱企業数は，1990年には199社，2000年には531社，そして2014年1月時点においては844社まで増加している。

　証券店頭売買センターは資本市場の充実を図るため1994年に設立されたもので，店頭公開株式および新興株式，2014年よりベンチャービジネス支援のために創設された「創櫃板」の3種が含まれる。これらは台湾証券取引所上場株式に比べ小規模な企業の株式であり新興株式と「創櫃板」は相対取引が行われている。時価総額は，2014年1月時点で台湾証券取引所が約24兆137億台湾ドルであるのに対し，証券店頭売買センターの店頭公開株式は2兆362億台湾ドルである。表5－1および図5－1に公開企業数と時価総額の推移をまとめた。

表5－1　公開企業数

	2005	2006	2007	2008	2009	2010	2011	2012	2013	2014
TWSE	691	688	698	718	741	758	790	809	838	844
GTSM	503	531	547	539	546	564	607	638	658	664
新興株式	801	673	601	535	497	512	516	540	584	583

（注）　2014年については1月時点のデータ
出所：証券店頭売買センター（URL：http://www.tpex.org.tw/）

第5章 台湾のコーポレート・ガバナンス

図5-1 時価総額

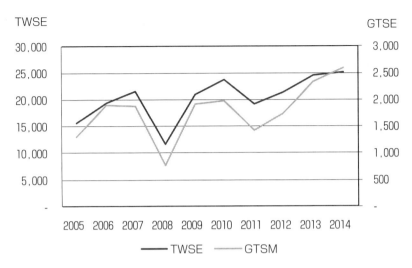

（注1） 2014年については1月時点のデータ
（注2） 単位：億台湾ドル
出所：証券店頭売買センター（URL:http://www.tpex.org.tw/）

上場基準については，「有価証券上場審査準則」3)により要件が定められている。以下は第4条に定められた最も基本的な要件である。取締役などの規定については後述する。

① 設立から3年が経過していること
② 資本総額が6億台湾ドルを超えており，3千万株以上の普通株式を発行すること。
③ 財務報告時の課税前利益が規定の水準を上回り，直近の決算が赤字でないこと。
④ 記名株主が1千以上で，企業内部や法人が全体の50％以上の株式を保有している場合を除いた記名株主が500以上で，かつ保有株式数が20％以上もしくは1,000万以上であること。

図5-2には2013年度における上場企業の株主構成を示した。これによれば，

87

個人株主が全体の約4割を構成しており最も比率が高く，国内法人，外国人株主が25％ほどでこれに続く。個人株主の多さは台湾の証券市場における特徴として知られている。さらに特徴的なのはそれぞれの持分の小ささで，台湾証券取引所が公開しているデータによれば，個人株主の約40％は投資額が1万台湾ドルに満たず，5万台湾ドル未満では全体の70～80％の個人株主がこれに含まれる。また，このような個人株主は短期的な取引を好むといわれており，長期的な保有を前提とする企業のコーポレート・ガバナンスへの関心は薄い。

図5-2　上場企業の株主構成（2013年度）

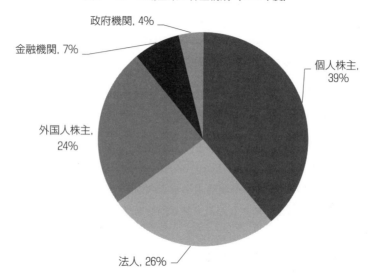

出所：台湾証券取引所公開年次データより作成（URL：http://www.twse.com.tw/）

(3) コーポレート・ガバナンスに関わる規制および規制主体

　基本的な枠組みとしては，会社法，証券取引法，証券取引所の自主基準の3点がある。会社法は株式会社全体に対して適応され，経済部が所管する。証券取引法は金融監督管理委員会（金管会，FSC）の管轄下にあり公開会社に対して適応される。証券取引所の自主基準については修正および改定分も含め多数

存在するが，主なものとしては前述の「有価証券上場審査準則」および「上場・店頭企業コーポレート・ガバナンス実務守則」4)が挙げられる。「上場・店頭企業コーポレート・ガバナンス実務守則」は，2002年に制定され，コーポレート・ガバナンスの理念や規範を示すとともに委員会や独立取締役の役割などの具体的な指導をも織り込むことで，公開企業の自主的な努力を促そうとするものである。

現在，上記のような枠組みが整えられているが，台湾におけるコーポレート・ガバナンス改革は1998年のいわゆる「地雷株事件」を契機としている。「地雷株事件」の詳細については，後述するが，一連の企業倒産を受けてコーポレート・ガバナンス問題が顕著になった事件である。この問題の解決のために，主に4つの改革すべき問題点が検討された。第一に経営監督機能の強化である。具体的には，監査役の機能強化，独立取締役・独立監査役の導入・制度化である。第二に，少数株主の権利の保護を中心とする投資者保護制度の拡充である。これは後述する財団法人証券投資家および先物取引人保護センター（以下，投資者保護センター（SFIPC））の設立（2003年）をもたらした。第三に，企業グループに対する適切な規律付けである。企業グループの形成は，企業の成長・経営多角化に不可欠な手段であるが，台湾ではしばしば支配株主による私的利益の追求の手段として利用されてきた。このような問題を防ぐには，適切な規律付けが求められる。第四に，情報開示の強化である。

(4) 外資系企業の進出状況，規制

JETROによれば，日本は2013年において台湾の輸入相手国・地域として1位，輸出相手国・地域として5位に位置している。投資件数は600件を超えており，金額としては4億868万ドル，在台湾日系企業の今後の事業展開に関するアンケートでは「拡大」を選ぶ企業が半数を超えた。また，台湾では2012年から2017年にかけて日台企業の提携を推進することを「台日産業連携架け橋プロジェクト」にて決定されている。

規制としては「外国人投資条例」が代表的なものである。これには，例えば

投資額が投資対象の資本総額の3分の1以上である場合に許可を必要とすることや，国家の安全や秩序に負の影響を及ぼす場合には投資を禁止することなどが記載されているが，外資による企業設立の際に会社法が定める住所や出資額の規制を受けないことを定めるなど，奨励策と受け止められる内容も含まれる。投資対象に関しては，華僑・外国人投資家に対するネガティブ・リスト[5]が存在するものの，おおむね自由に投資を行うことができる。また，行政院は海外企業の台湾証券市場への上場推進計画を打ち出しており，台湾証券取引所は簡単ながら日本語のホームページを作成し上場マニュアルを公開するなど，日本向けのサービスを拡充している。

2　内部統制システム

(1)　機関設計

　台湾の会社法は継受法に分類される[6]。前身は清朝時代の公司律であり，これはその内容および当時の状況から日本とイギリスの影響を強く受けている。特に経営監督機構については日本の影響が強く，その後幾度も改正が行われたが，基本的な枠組みおよび日本の法制度を参考とする姿勢は変わっていない。他方で近年の改革，特に2001年の改正ではアメリカの会社法を移植した要素が目立つ。具体的には，取締役を株主から選任しなくてはならないとする規定を削除したことにより，独立取締役導入の可能性を開いたことが挙げられる。ただし，こういった会社法上の規定が台湾企業の内部統制システムを移植先国家の企業の形態へ近づけているかといえば，そうとは限らない。つまり，その生成過程から台湾の会社法は国内企業環境ではなく国外のものを強く意識したものにならざるを得ず，固有の法制度とは異質の存在として位置づけられる。そのため国内事情との整合性を保つ努力が必要とされるのである。例えば，監査役は日本の制度を参考に導入されたが，創業者家族などの大株主の影響が強い台湾においては独立性の確保が日本以上に難しく，無機能化が問題視されてい

る。

　具体的に現状の規定についてみていこう。会社法が定めるところでは，台湾企業の機関設計は二元制である。取締役および監査役は株主総会により選任される。独立取締役に関しては2002年に定められた「有価証券上場審査準則」にて初めて詳しい規定が盛り込まれ，その後，2006年には証券取引法の改正により公開会社のうち新たに上場・店頭登録を行う企業は２人以上の社外取締役を置くことが義務付けられた。また，別途独立取締役を構成員とする監査委員会を置く選択肢も設けられたため，この時点において台湾の公開企業は二元制，独立取締役を含む二元制，監査役会が監査委員会へ移行した一元制の３種の類型を持つことになったといえる。その後，2010年の証券取引法改正により，上場企業および店頭公開企業に対して報酬委員会の設置が義務付けられた。ただし，この報酬委員会とは取締役会に所属するものではなく，必ずしも取締役で構成される組織ではないことに注意が必要である。

　2013年には金融監督管理委員会から監査委員会設置および独立取締役導入の強制適応範囲を拡大する行政命令が出された[7]。これにより資本金100億台湾ドル以上の上場企業および店頭公開企業は監査委員会の設置が義務付けられ，20億台湾ドル以上の企業についても2017年までに監査役会に替えて監査委員会を設置することが求められることとなった。独立取締役の規定については２人以上かつ取締役会の５分の１以上を置くことが義務付けられた。このような流れを俯瞰する限り，台湾企業の機関設計は徐々に委員会設置型の一元制へ収束するものと考えられる。

(2) 株主総会

　株主総会は，毎年少なくとも１回開かれる定時総会と必要に応じて召集される臨時総会がある。議題については，通常に定められたもののほかに発行済株式総数の１％以上の株式を所有する株主による株主提案がある。また，発行済株式総数の３％以上を１年以上保有する株主については臨時総会の招集を求める権限が与えられる。出席した株主の株式合計が発行済株式総数の過半数であ

り，総会にて過半数の同意を得ることができれば決議が成立する。議決権の委任は可能であるが，委任された者の議決権は発行済株式総数の3分の1を超えてはならない。これを超えた部分，また会社の自己株式については議決権を伴わない株式であると認識される。また，議決権の行使については事前に申し出ることで書面または電子的に行使することも可能である。

株主総会の開催時期については，規定はないものの6月に集中している。

(3) 取締役会の構成と規定

会社法によれば，台湾企業は少なくとも3人の取締役を置かねばならない。選任は株主総会により行われるが，取締役の候補は発行済株式総数の1％以上の株式を保有する株主が提案することができる。任期は3年で，再選は可能である。取締役会会長は取締役会内部の選挙により決定され，取締役会を招集する。取締役会は構成員の過半数の出席および出席者の過半数の同意により決議を行うことができる。役員報酬は，定款で定められていない場合は株主総会にて決定される。また，2008年より個別の報酬を開示することが義務付けられている。

証券取引法は公開企業を対象とした規定である。これによれば，取締役会は5人以上で構成され配偶者および二親等以内の親族が半分以上を占めることはできない。独立取締役は前述の通り2人以上かつ取締役会の5分の1以上を置くことが義務付けられている。独立性の要件は公開企業独立取締役設置弁法に定められており，次の何れかを5年以上経験していることが求められる。

① 大学等において商学や法学，企業財務，会計やビジネス関係の学問分野などの企業が必要とする分野を教える教授もしくは准教授，講師である。
② 国家試験に合格した裁判官，検察官，弁護士，会計士もしくは，ほかの企業活動に必要な国家資格を持っている。
③ 商学や法学，企業財務，会計もしくは企業活動に必要なほかの分野にて働いた経験がある。

これを満たさないもの，また二親等以内など会社法で関係性が深いと判じら

れる者や政府，法人やその代表人は独立取締役になることができない。また，独立取締役になった者は4社以上の役員を兼ねることを禁止されている[8]。その権限については，証券取引法により重要事項の決議における反対意見の提出などが定められているが，会社法には独立取締役の存在自体が規定されていないため，通常の取締役と同様の権限を与えられることになる。しかし，独立取締役で構成する監査委員会の適用範囲が拡大したため，その役割は強められていくものと考えられる。ただし，ここでいう監査委員会設置企業とは取締役会の下に監査委員会のみが置かれる企業形態であり，アメリカの形態などとは区別して考える必要がある。

(4) 従　業　員

　法規制上，また今回収集した資料およびヒアリング結果からは従業員のガバナンスへの関与について特筆すべき事情を得ることはできなかった。

3　外部ガバナンス

(1) 主要なプレイヤー

① 政　　　府

　政府のコーポレート・ガバナンスへの態度は，近年の外国人株主比率の上昇とともに積極的になっているということができる。行政院と連携する金融監督管理委員会は「コーポレート・ガバナンスロードマップ2013」にて，コーポレート・ガバナンスの文化を発展させること，株主のアクティビズムを促進すること，取締役の機能を効率化すること，コーポレート・ガバナンスの判断材料となる情報の開示を行うこと，諸規範の実施状況を改善することを目標とした活動を行うとした。これをうけ，台湾証券取引所は「コーポレート・ガバナンスセンター」[9]を設立し，情報収集および分析，企業の評価などを行っている。

② 銀　　行

　台湾においては，銀行は外部ガバナンス主体ではなくガバナンスの対象となる存在である。つまり，巨大な企業グループが傘下に金融機関を持ち，グループ間での資金のやり取りが発生するため，適正なガバナンス無しには不祥事に繋がりかねないという懸念がある。証券先物局が2007年に全ての上場金融機関に独立取締役の設置を義務付けるなど，改革が進められている。

③ 株　　主

　前述の通り，台湾の証券市場における特徴は多数の個人株主の存在であるが，他方で創業者一族などの支配的株主の影響力の強さもまた，よく論じられる問題である10)。台湾には大規模なファミリーカンパニーが多い。これは2001年の会社法改正まで株式持合に関する規制が存在しなかったこと，また会社法により法人株主が取締役もしくは監査役を選任することができると定められていることから生じた事態である。法人株主は自然人を役員として派遣することができるため，ファミリーは小規模な投資会社を設立し，これを介して傘下の企業を所有することで直接の所有分に上乗せする形で影響力を高めることができる。また，証券取引法や上場基準レベルでは近年ガバナンスに対する規定が充実しつつあるが，会社法ではそのような展開がみられないため，潤沢な資金を持つファミリーカンパニーは公開企業となるインセンティブを持たない場合もある。短期的な視野で投資を行いがちな個人株主と併せて，台湾におけるガバナンス主体としての株主の課題といえよう。

　制度面では，まず会社法により集団訴訟が認められている。2002年の証券投資家および先物取引者保護法の制定後には件数も増加したが，未だ一般的であるとはいえない。また株主代表訴訟についても，認められてはいるが，例は多くはない。

　少数株主保護については，財団法人証券投資家および先物取引人保護センター（以下，投資者保護センター（SFIPC））の存在が大きい。これは公益財団法人が設立し運営する組織で，集団訴訟の代理定期および訴訟費用の負担を行うなど個人株主の利益を守る投資家保護法の核心となる機関である。具体的には，

投資家と公開会社，証券会社，証券サービス事業，証券取引所，店頭取引センター（OTC），その他の利害関係者との間の有価証券の募集，発行，売買その他の関連業務において発生した紛争について，⑴民事紛争案件の調停 ⑵投資家のための団体訴訟または仲裁案件の提起 ⑶支払手続業務 ⑷会社への利益返還請求督促の行使，などを行う。

　投資者保護センターおよび証券投資家団体訴訟の実際の状況について2015年１月に公表された資料によると，表５－２に掲げるとおり，証券市場における違法行為が主体となっている。例えば，インサイダー取引や人為的な相場操縦などの不祥事をはじめ，企業による虚偽の目論見書，有価証券届出書または有価証券報告書など，投資家の利益に深刻な影響を及ぼす違法行為について，投資者保護センターが団体訴訟を提起し，当該会社，取締役，監査役または他の関係者（例えば，公認会計士，元引受証券会社）の民事賠償責任を追及している。株主代表訴訟があまり機能していない現況において，投資者保護センターは，株主代表訴訟によるコーポレート・ガバナンス機能を一部代替しているといっても過言ではない。

表５－２　投資者保護センターによる団体訴訟案件（2013年～2015年１月）

会社名	提訴日	違法行為	請求金額 （1,000台湾ドル）	原告人数
Lien Ming Mobile Tecnology Co., Ltd.	2013年１月	有価証券虚偽記載	62,400	216
CyberPower Systems, Inc	2013年２月	相場操縦	54,707	121
Astral Epoch International Corporation	2013年４月	相場操縦	68,281	78
Sunflex Tech.Co. Ltd.	2013年３月	相場操縦	640	22
Mega Biotech&Electronics Co., Ltd	2013年６月	有価証券虚偽記載	266,071	514
TMP INTERNATIONAL CORPORATION	2013年６月	相場操縦	23,450	142
POWERCOM CO., LTD.	2013年10月	違法配当	16,193	1,266

POWERCOM CO., LTD.	2013年10月	有価証券虚偽記載	592,648	1,750
ANDERSON INDUSTRIAL CORP	2013年11月	相場操縦	10,536	57
Top Energy Saving System Corp.	2013年8月	有価証券虚偽記載	213,207	74
PRESCOPE TECHNOLOGIES CO., LTD	2014年5月	有価証券虚偽記載、相場操縦、インサイダー取引	100,467	184
United Integrated Sevices Co., Ltd.	2014年1月	有価証券虚偽記載	244,459	1,076
Green Energy Technology Inc.	2014年4月	インサイダー取引	298,738	403
AnnCare Bio-Tech Center Co., Ltd.	2014年7月	有価証券虚偽記載、虚偽の目論見書	127,444	154
Genome International Biomedical Co. Ltd.	2014年8月	インサイダー取引	23,450	146
Mster Semiconductor, Inc.	2014年10月	インサイダー取引	5,541	85
Shenmao Technology Inc.	2014年7月	相場操縦	6,949	65
Asia Plastic Recycling HoldingLimited.	2014年7月	相場操縦	496,253	1,917
ACER INCORPORATED	2014年12月	インサイダー取引	6,752	232
TAIWAN OSTOR CORP	2015年1月	相場操縦	55,369	268

出所：投資者保護センターのウェブサイト（http://www.sfipc.org.tw/）より2015年2月5日ダウンロード，作成。

(2) 情報開示

　上場企業は，財務報告を台湾証券取引所もしくは証券店頭売買センターのホームページ上にて公開することが求められている。「上場・店頭企業コーポレート・ガバナンス実務守則」では情報開示の強化を行うべき旨が示されており，全体として積極姿勢にあると考えてよい。また，同守則では企業内部の情報に通じ対外的に情報を発信できるものをスポークスマンに指定することを掲げている。

CSR報告書については，義務付けられてはいないが，台湾証券取引所が設置したコーポレート・ガバナンスセンターにて，開示を行った企業がリストアップされるなど作成および公開が奨励されている。なお，2013年においては台湾証券市場上場160社および店頭公開市場登録企業33社の合計193社がCSR報告書の公開を行った。

(3) 株主行動主義，エンゲージメントの状況

前述の株主構成における問題点を背景として，台湾では株主行動主義が盛んになる下地が存在しなかった。しかし近年，外国人投資家のプレゼンスが高まっており，今後変化していく可能性は否定できない。

(4) M＆A

企業合併買収法が2002年に制定され，台湾でもM＆Aが一般的なものになってきた。葉(2013)[11]によれば，その手段として最も多いのは合併で，会社分割，株式交換が続く。特に合併に関しては，民間の参入後に過剰となった金融業の再編がこれにより進められていると考えてよい。しかし，創業者一族による実質的な支配が目立つ台湾企業においては，敵対的なM＆Aの成立は難しく，ほとんどは友好的なものであった。すなわち，外部からの脅威という意味で経営者に対する抑止力となるはずのM＆Aがその役割を果たしているとはいえない状況にあると考えられる。

なお，M＆Aに際しては，株主総会の特別決議が必要になる。特別決議は，株主の3分の2が出席し過半数の賛成を得ることで成立する。

4　社会における企業

(1)　企業の腐敗状況

　台湾においてガバナンスの議論が深まる切掛けとなった事件として，1998年以降の「地雷株事件」がある。1997年に発生したアジア通貨・金融危機の影響を受け，台湾証券市場も混乱に陥った。この株価下落が引き金となり，1998年下半期以降，台湾では30社前後の公開企業が財務危機に陥る。これらの企業は，一般の投資家の目にはさしたる予兆も見えないまま突如として資金繰りが行き詰まり，経営破綻に至ったことから，「地雷株」企業といわれた。「地雷株」企業の破綻に伴って明るみにでた経営実態は，台湾の証券市場に対する投資家の信頼を大きく損ねたため，一連の企業破綻によってコーポレート・ガバナンスの問題点が注目されることとなったのである。

　経営実態の第一として，財務破綻に陥った企業では，一般に最大株主の経営への関与が強く，これが職権を利用した会社資産の搾取の背景となっていた。第二に，「地雷株」が破綻に至った経緯は多様であったが，支配株主がしばしば自らの利益追求のために企業グループを利用する事例が見られた。例えば，支配株主が株式公開企業の資金で子会社を設立し，ここに親会社の株式を購入させ，その株価を釣り上げたあげく，市況の悪化に直撃されて破綻に陥ったケースや，子会社との取引を通じて支配株主が利益移転を行ったケースが少なくなかった。第三に，経営破綻に陥った企業において，有価証券報告書などの虚偽記載が行われていたことが露呈した。

　このほかにも，近年では2004年の「博達科技」の粉飾決算発覚や2007年の「力覇」のインサイダー取引などがある。特に後者に関しては，巨大な企業グループによる不祥事であったこともあり批判が続出した。台湾においては創業者一族による不祥事とそれによる個人株主の損失発生という流れが問題となっており，経営者サイドへのガバナンスを強める必要を増している。

(2) 社会的責任に対する考え方

　台湾証券取引所が開設したコーポレート・ガバナンスセンターは，ホームページ上にてCSRの発達経緯や理念，適用範囲などを解説している。また，台湾証券取引所と証券店頭売買センターは上場企業がCSRに関して理解を深め持続可能な発展を遂げるよう促す目的で，2011年に「上場店頭公開企業社会的責任実務守則」を定めた。これはコーポレート・ガバナンスの実施，持続可能な環境の育成，公共の福祉の保全，企業の社会的責任に関する情報公開の4点をCSRの実行範囲と定め，企業の行動規範を提示したものである。上場企業はこれを参考に自らの社会的責任に対するアプローチを年次報告にて開示することを求められる。

(3) Good practice（事例）

　「台積」は，1987年設立の世界最大級の半導体メーカーである。欧米の方法を取り入れたガバナンス体制は大小の賞を多数受賞しており，雑誌などで行われるランキングでは上位に企業名が記載される。ガバナンスにおいては台湾企業トップといっても過言ではない。図5－3は，「台積」の組織図をホームページの記載内容から作成したものである。「台積」は基本的には証券取引法が定める一元制のガバナンス携帯を踏襲しながらも，報酬委員会を独立取締役にて構成し監査委員会とは別に内部監査組織を設けるなど，欧米の例を参考とした独自の特徴を持つ体制を敷いている。

図5-3　ガバナンス優良企業の組織図

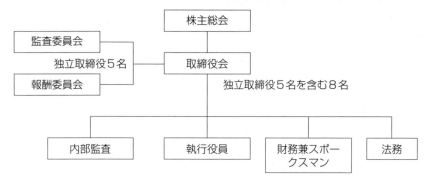

出所：台積ホームページより作成（URL：http://www.tsmc.com/）

(4) 国内外の問題意識

　ACGAの2012年におけるレポートでは，台湾に前回比マイナスの評価が下されている[12]。これの理由として挙げられているのは，まず上場企業への独立取締役の導入が進んでいないこと，次に上場企業への監査委員会の導入が進んでいないこと，また取締役選挙や株主投票制度に進歩がみられないこと，最後に規制施行時のアナウンスが十分でないことを挙げている。このうち，前述したように独立取締役の導入および監査員会の導入については2013年に行政命令という形で徹底されることとなった。このことからも伺えるように，台湾政府は特に投資家が注目している外国からの要望に比較的敏感に反応しており，国内外の問題意識に大きなズレは見当たらない。ただし，今後問題となるであろう支配株主の問題，および特に学術外や法曹関係者の間で問題視されている会社法による上場企業以外へのガバナンス問題については，社会制度や発展の経緯に関わるため国内外で共通の認識を持つことは難しくなると考えられる。

5　小括と課題

　台湾のコーポレート・ガバナンスは日本から大きな影響を受けており，内部統制構造は日本に似た方式を採用している。また，株主保有構造に占める個人株主の比率が非常に高いことなどもその特徴としてあげられる。コーポレート・ガバナンス環境の整備は，1998年以降の一連の企業倒産，企業グループ間企業同士，あるいは創業者一族などの大株主の企業への介入問題などを契機とし，その後，監査役の強化，独立取締役・独立監査役などの導入，外部機関として投資者保護センター（SFIPC）の設立などが推進され，改革は近年急速に進展しているといえる。

　特に，独立取締役の導入や監査委員会の導入などの企業内部におけるガバナンス体制の充実は著しい。しかし一方で，創業者一族などの支配的な大株主の強大な影響力と多数の個人株主の短期売買によるガバナンスへの無関心という証券市場におけるアンバランスさがもたらす弊害は解決されていない。現在，台湾は外資の受け入れを積極的に行っているため，これに合わせるかたちでガバナンス体制を整えている面がある。現在のところはそのような姿勢で問題はないが，今後，対外的なパフォーマンスとしての側面が無くなった状態で台湾企業のガバナンスがどのように発展していくかは，同様に国内特有の問題と欧米のガバナンス体制の導入の間で適切なガバナンスの姿を模索する日本にとって，非常に興味深い問題である。

（注）
1) JETRO　国・地域別情報　https://www.jetro.go.jp/world/（最終閲覧日：2015年1月14日），外務省　国・地域　http://www.mofa.go.jp/mofaj/area/index.html（最終閲覧日：2015年1月14日），中華民国統計資料網　http://61.60.106.82/pxweb/Dialog/statfile1L.asp（最終閲覧日：2015年1月14日）。
2) 証券市場の発展についての記述は，小関勇編著（2010）『東アジア証券市場におけるコーポレート・ガバナンス』第1章，税務経理協会，および，佐合紘一（2000）「台湾における株式市場と企業の財務政策」『経営研究』第51号第3号，による。

3) 本稿における法律，条文，規則などについてはLaw Source Retrieving System of Stock Exchange and Futures Tradingより得た。URLは下記の通り。
 http：//www.selaw.com.tw/Default.htm（最終閲覧日：2015年3月1日）
4) 英訳は「Corporate Governance Best Practice Principles for TWSE/GTSM Listed Companies」。
5) 日本語訳をJETROより入手可能。下記URLより。
 http://www.jetro.go.jp/jfile/country/tw/invest_02/pdfs/taiwan_gaishikisei_negativelist0903.pdf
6) 会社法の成立過程に関する記述については，川上桃子著，今泉慎也，安倍誠編（2005）「台湾の企業統治と企業法制改革－成果と限界－」，『東アジアの企業統治と企業法制改革』アジア経済研究所，および頼英照（2012）「社外取締役制度から見た外国法の移植」第2回日台アジア未来フォーラム「東アジアにおける企業法制の継受およびグローバル化の影響」基調講演，SGRAを参考とした。基調講演内容は以下URLより入手可能。
 http://www.aisf.or.jp/sgra/info/TaiwanForum2_KeynoteSpeech.pdf
7) 金管会初字第10200531121号および同1020053112号，2013年12月31日発令。
8) ただし，同一グループ内であれば1社と数えられるため，やや曖昧な規定である。
9) Taiwan Stock Exchange Corporate Governance Center http://cgc.twse.com.tw/frontEN/index（最終閲覧日：2015年3月1日）
10) 例えば，川上桃子著，佐藤幸人，池上寛編（2007）「台湾の家族グループの事業展開」『台湾総合研究Ⅰ 企業と産業』アジア経済研究所。
11) 葉聰明（2013）「台湾と日本のコーポレート・ガバナンス考察」『交流』No. 863。
12) ACGA（2012），*CG Watch 2012*, CLSA。

第6章 シンガポールのコーポレート・ガバナンス

1 企業環境

(1) 基本情報

[人口]　約539万9,200人（2013年）
[言語]　英語・北京語（公用語），マレー語（国語），タミル語
[民族]　中国系（74.3％），マレー系（13.3％），インド系（9.1％），その他（3.3％）
[宗教]　仏教，イスラム教，ヒンズー教，道教，キリスト教など
[政体]　立憲共和制
[議会概要]　一院制。定数87名（選挙区選出議員）のうち，与党・人民行動党80議席，野党7議席（労働者党）。任期5年。ほかに，重要法案の投票権がない議員（11名）で構成
[通貨]　シンガポール・ドル
[経済規模]　GDP：約1,992億ドル，国民1人当たり約36,897ドル（2013年時点，2005年基準実績値）

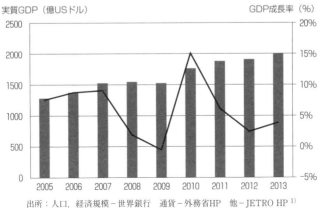

出所：人口，経済規模－世界銀行　通貨－外務省HP　他－JETRO HP [1)]

(2) 主要証券市場および上場会社の概要

　シンガポールの金融市場は，アジアで主要なマーケットのひとつである。シンガポールでは，シンガポール証券取引所（Singapore Exchange：SGX）において，証券取引をはじめとした各種運営がなされている。SGXは，1973年に開設されたシンガポール証券取引所（Stock Exchange of Singapore：SES）と1984年に開設されたシンガポール国際金融取引所（Singapore International Monetary Exchange：SIMEX）が合併し，1998年に設立された。現在のSGXは，「証券（SGX-ST）のほかにオプション取引等を行うデリバティブ取引所（SGX-DT）やETFs取引所（SGX-Xtranet）が開設されている。特にこの合併は国際的資本市場の発展に向けての施策となった」2)。こうした取り組みによって，「SGXでも2007年タイ・ベトナム取引所との業務提携を皮切りにASEAN連携に向けて動き出した。さらには世界的証券取引所再編の流れのなかで，2010年にアメリカナスダックOMXグループとの連携，ドイツのデリバティブ取引所ユーレックスとの提携，オーストラリア証券取引所買収，ロンドン金属取引所の提携など各取引所との戦略的資本・業務提携を開始している。特に，IT化によるグローバル戦略は国際金融市場へと発展するための布石の1つとなっている」3)といった動向がみられ，「2003年に導入されたOMX開発の取引システム『SGXクエスト』により，デリバティブ部門と現物株式部門の取引システムを結合しており，これは従来の『SGX-ETS』よりも大量取引が可能となっている。また政府は2010年に世界の金融ハブ都市間で高速の取引を実現する新情報化投資計画（REACH）を公表した。これにより，シンガポールは各国金融都市の取引所との接続システムの強化，共有データセンターの構築を目指している。シンガポールにとって取引所改革は国家戦略であり，近年は各国共通プラットフォームを導入するなど制度の整備を行いグローバル化に対応している姿勢が窺える」4)と言及されており，シンガポールは国外からの資本を積極的に呼び込む形をとっている。また，SGXのウェブサイトより，上場企業の現況（資本金規模や売上高規模をはじめとした会社情報）がわかるようになっている。

なお，SGXに上場するためには，「SGXとの間の上場契約に基づき，上場マニュアル（Listing Manual）を遵守しなければならず，金融庁が発行するコーポレートガバナンス・コード（Code of Corporate Governance）および買収合併コードの適用を受ける。コーポレートガバナンス・コードの遵守は義務ではないものの，Codeが推奨するコーポレート・ガバナンスと異なる仕組みを取る場合，当該相違およびその合理的な説明を年次報告書において記載することが求められる」5)。イギリスに倣って，適切な説明がなされない場合には制裁が科されるように整備されてきており，「上場規則（シンガポール証券取引所上場規則710条）において，ガバナンス・コードの遵守に関して開示義務を課す。適切な説明がなされていないと考えられる場合は，シンガポール証券・先物法199条の虚偽表示によって法的責任を問われる」6)ことになっている。

(3) コーポレート・ガバナンスに関わる規制および規制主体

シンガポールにおける社会の成り立ちについては，いうまでもなくイギリスによる影響が大きく，コーポレート・ガバナンスの法的体系に関してもイギリスのコモン・ローに依拠するところが多い。同国のコーポレート・ガバナンス対する規制としては，会社法と「ベスト・オブ・プラクティス（シンガポールではコード・オブ・コーポレート・ガバナンス（Code of Corporate Governance：CCG）という。）を作成し，年次報告書（annual report）を通じてこのCCGの遵守状況を上場会社に開示させ，遵守していない場合には説明を求める規制手法（これを一般的にcomply or explain ruleという。）をいち早く採用」7)した環境となっている。なお，後述するが，会社法では，「イギリスと同様に，取締役会に関する規定はほとんど設けておらず，取締役会をどのような機関とするかは定款自治に委ねている。取締役についても，同法では，取締役の一般的業務に関する規定を置くだけで，取締役会における各取締役の役割（業務執行と非業務執行の区別など）は実務側で区別している」8)とされる。ゆえに，会社の運営指針においては，このCCGが重要な役割を担っており，「CCGによって，取締役会が監督機関として機能するよう，業務執行者および会社と利害関係を有しな

い非業務執行取締役（以下，これを独立取締役（Independent director）という。）の導入を上場会社に対し積極的に奨励してきた。その結果，シンガポールの上場会社の多くは，独立取締役の導入を含めCCGで示された基準を遵守しており，投資家にとって透明性・健全性が高い市場といわれている。また取締役会の監督機関としての側面が意識されるにつれ，取締役の監督業務が意識されるようにもなったといえるだろう」9)と論及されるのである。

シンガポールの2012年改定版CCGについては，日本の金融庁が「コーポレートガバナンス・コード（仮訳）」（2014年10月20日時点）としてウェブサイトに提示しており，閲覧できる。同コードの構成としては，以下の表6-1となっている。

表6-1　コーポレートガバナンス・コードの構成要目

取締役会	取締役会による業務の遂行 取締役会の構成とガイダンス 議長および最高経営責任者 取締役会メンバー 取締役会の業績 情報へのアクセス
報酬	報酬に関する方針の策定手続き 報酬の水準と構成 報酬の開示
説明責任と監査	説明責任 リスク管理と内部統制 監査委員会 内部監査
株主の権利と責任	株主の権利 株主とのコミュニケーション 株主総会の実施
コーポレート・ガバナンス体制の開示	――

出所：金融庁（http://www.fsa.go.jp/）より「シンガポール・コーポレートガバナンス・コード（仮訳）」
　　（http://www.fsa.go.jp/singi/corporategovernance/siryou/20141020/11.pdf，2015年3月2日アクセス）を参照，援用。

(4) 外資系企業の進出状況，規制

狭隘な国土であるシンガポールでは，市場の活性化を促すために外資系企業が進出しやすい制度基盤を整えており，製造業やサービス業，金融業の誘致に成功している。対内直接投資（2012年残高基準）は[10]，国別でEU 26.7%，アメリカ14.3%，日本7.9%，ASEAN 4.7%，スイス4.2%とつづき，業種別では金融・保険48.2%，製造業17.2%，卸売・小売17.0%となっている。

また，シンガポール経済開発庁のウェブサイト（http://www.edb.gov.sg/）には，外資進出の要件などの情報が日本語でも得られるため，参照されたい。JETROでは，シンガポールの法人税率（17%）がアジア主要国と比較すると低くあること（香港16.5%，タイ20%，韓国22%，ベトナム22%，中国25%，マレーシア25%，インドネシア25%，フィリピン30%），各種優遇税制・税制上の優位性（パイオニア・インセンティブ，地域統括本部制度（RHQ），国際統括本部制度（IHQ），グローバル・トレーダー・プログラム（GTP），金融財務センター（FTC），国際投資先からの所得に関する税制，キャピタルゲインに対する税制，租税条約等のメリット，各種補助金）が提示されている[11]。

シンガポールに進出している外資系企業の事例として，シンガポール経済開発庁の英語サイトでは，表6－2で示した企業が紹介されている。このほかにも，日系企業は数多く進出している。

表6－2　シンガポールへの進出外資系企業

企業名	業　種	国
Unilever	Consumer Business	イギリス
Roche	Healthcare, Medical Technology, Pharmaceuticals and Biotechnology	スイス
Dell Inc in Singapore	Infocomm Products	アメリカ
Panalpina	Logistics and Supply	スイス
Siemens	Medical Technology	ドイツ
Procter & Gamble	Consumer Business	アメリカ
Trina Solar	Alternative Energy	中国
Merck Sharp & Dohme	Pharmaceuticals and Biotechnology, Medical Technology	アメリカ
Renewable Energy Corporation	Alternative Energy	ノルウェー
DHL	Logistics and Supply Chain Management	ドイツ

Lucasfilm Limited	Media and Entertainment	アメリカ
IBM	Infocomm Products, Infocomm Services	アメリカ
Infineon Technologies	Electronics	ドイツ
Tata Consultancy Services	Infocomm Services	インド
Clariant	Chemicals	スイス
Rolls-Royce	Aerospace Engineering, Marine and Offshore Engineering	イギリス
Mitsui Chemicals	Chemicals	日本

出所：シンガポール経済開発庁（http://www.edb.gov.sg/）参照，作成。

2　内部統制システム

(1) 機関設計

　シンガポールにおける企業統治の機関構成は，図6－1となっており，「イギリスと同様の機関構成を採用している」[12]。特徴的なのは，「経営業務を執行することとそれを監督する業務が単一で行われる単層（シングルユニット）型の形態」[13]でガバナンスが運営されている点である。

図6－1　シンガポールにおけるコーポレート・ガバナンス機関構成

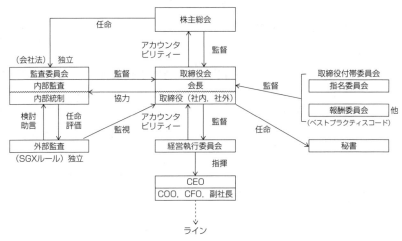

出所：中村みゆき（2005）「シンガポールにおけるコーポレート・ガバナンス」佐久間信夫編『アジアのコーポレート・ガバナンス』学文社，197ページ，図10－1。

(2) 株主総会

株主総会における各種内容は，会社法によって取り決められている。法で定められているため，文献や資料によって大きな違いがあるわけではない。以下の表6-3が株主総会の主な内容である。

表6-3　シンガポールの株主総会について

- 会社は，年1回，定時株主総会（annual general meeting）を開催しなければならない（会社法第175条(1)）。定時株主総会は前回の定時株主総会から15ヶ月以内（但し，第1回の定時株主総会は設立から18ヶ月以内）に開催しなければならない（会社法第175条(1)）。定時株主総会の決議事項として，会社の計算書類の報告（会社法第201条(1)）および会計監査法人の任命（会社法第205条(1)）等が挙げられる。

- 臨時株主総会（extraordinary general meeting）は，附属定款の規定に従って開催される。また，払込済資本金の10％以上を保有する株主は，総会の目的を定めたうえで，臨時株主総会の開催を請求できる（会社法第176条(1)および(2)）。取締役は，請求から2ヶ月以内に可及的速やかに臨時株主総会を開催しなければならない（会社法第176条(1)）。請求から21日以内に開催されない場合，請求者は請求から3ヶ月以内に，自ら臨時株主総会を開催できる（会社法第176条(3)）。

- 株主総会の開催に関しては，開始日14日以上前（附属定款で同期間よりも長い期間が定められている場合には当該期間）に株主に対して招集通知を発送しなければならない（会社法第177条(2)および第184条(1)(a)）。但し，定時株主総会は，同総会に参加および議決権を行使できる株主全員の同意がある場合には，当該期間よりも短い期間で開催することができる（会社法第177条(3)(a)）。臨時株主総会は，同総会において議決権を行使できる全株主の95％以上の議決権を有する株主の同意がある場合は，当該期間よりも短い期間で開催することができる（会社法第177条(3)(b)）。

- 株主総会の定足数は，附属定款において定めることができ，当該定めがない場合，2名以上の株主の出席を要する（会社法第179条(1)(a)）。株主が1名のみの場合，議事録の作成および署名で足りる（会社法第184条G(1)）。

- 株主総会における議決権の行使は挙手または投票による。委任状に基づく代理人（代理人が株主である必要はない）による議決権の代理行使も可能である（会社法第181条(1)）。

- 会社法上の株主総会決議として，出席株主の議決権の過半数の賛同を必要とする普通決議（ordinary resolution）と，出席株主の議決権の75％以上の賛成を必要とする特別決議（special resolution）がある。特別決議が要求される事項の例として，減資，清算，judicial management（会社再生手続きの一種）および定款変更等が挙げられる。

- 会社法上の普通決議事項および特別決議事項のいずれも，附属定款の定めにより，定足数および賛成に必要な議決権数を加重できる。但し，会社法上の要件より緩和できない。また，附属定款の定めにより，会社法上株主総会決議事項でないものを，株主総会決議事項とできる。逆に，会社法上，株主総会決議事項とされているものは，株主総会決議によらなければならない。

- 会社法上，書面による株主総会も認められており，普通決議および特別決議ともに，それぞれに必要な賛成にかかる同意が株主から得られた場合，書面による株主総会決議が成立する（会社法第184条A）。但し，5％以上の議決権を有する株主から株主総会の請求がある場合，株主総会を開催しなければならない（会社法第184条D）。

出所：行村洋一郎（2012）「各国のコーポレートガバナンス　シンガポール」日本監査協会『月刊監査役』No.594，24～25ページ，直接引用。なお，ここで援用している文章について，「シンガポールの法令および英語表記は，筆者によるものであり，必ずしも公定の訳ではないことに留意されたい。実際の法令の解釈にあたっては，可能な限りその原文を参照されたい」（20ページ）としている。

(3) 取締役会の構成と規定

取締役会の主な内容については，以下の表6－4になる。取締役会および取締役の役割については会社の附属定款によって取り決められている点が多い。

表6－4　シンガポールの取締役および取締役会について

(1) 取締役会
・会社の事業は取締役会により運営されなければならず，取締役会は，会社法および定款において株主総会決議事項とされた事項以外の全てについて権限を行使することができる（会社法第157条A）
・会社法は，取締役開催に係る事項について規定を設けておらず，取締役会の招集権者，招集方法，定足数は，附属定款の規定に従う。招集通知の発送期限や定足数について最低限の規制はなく，会社は自由に設定できる。取締役全員の同意がある場合，取締役会招集に必要な通知期間を省略することができる。
・会社法は，取締役決議事項を定めておらず，附属定款に定められる場合もある。附属定款において明示的に取締役会決議事項がない場合でも，取締役会は，取締役会決議事項とそれ以外の決議事項を定める規制を設けることができる。会社法は，取締役会が会社の事業を監督することを要求しているため，一般に，会社の事業に係る重要な事項は取締役会決議による。
・取締役会の決議要件については，出席した取締役の過半数とする例が一般的であるが，附属定款において，特定の事項について決議要件を加重すること（例として一

定金額以上の投資案件については全取締役の同意を必要とすること）もできる。電話会議システムによる取締役会の開催や，書面決議も附属定款に定めることによって可能である。会社法は取締役会の決議方法を定めておらず，附属定款において取締役全員ではなく，一定の取締役の賛成により有効な書面決議とすることも可能である。また，取締役が職務執行できない場合等に備えて，代替取締役（alternate director）（代替取締役となる者は現役取締役に限られない）の指名を取締役に認める旨，附属定款に定めることができる。

・会社法上，株主は取締役会会議事録の閲覧・謄写請求権を有しないため（会社法第189条（2A）），取締役を派遣しない少数株主として参加する際には，通常，株主間契約において株主による検査対象の一つとして取締役会議事録も規定する。

(2) 取締役

・取締役は，取締役会の決議，会社との契約，およびマネージング・ディレクター等の業務執行取締役の場合には黙示の権限に基づき，取締役会から授権された限度において，会社の権限を行使することができる。

・会社法上の必要機関ではないが，附属定款において，マネージング・ディレクターに関する定めを設けることが通例である。マネージング・ディレクターは，一般に，会社の日々の業務を行う業務執行取締役であり，最上位の従業員でもある。会社は，マネージング・ディレクターを設けないこともできる。

・取締役は，取締役会の決議，会社との契約，およびマネージング・ディレクター等の業務執行取締役の場合には黙示の権限に基づき，取締役会から授権された限度において，会社の権限を行使することができる。

・会社法上の必要機関ではないが，附属定款において，マネージング・ディレクターに関する定めを設けることが通例である。マネージング・ディレクターは，一般に，会社の日々の業務を行う業務執行取締役であり，最上位の従業員でもある。会社は，マネージング・ディレクターを設けないこともできる。

・取締役は1名以上必要であり，最低1名はシンガポールの通常居住者（ordinarily resident）でなければならない（会社法第145条(1)）。会社法上，通常居住者の定義はないが，シンガポール国籍保持者，永住権保持者，または就労ビザ保持者は通常居住者と看做される。会社設立時に適切な取締役を選任できない場合のため，名目上の取締役を提供するコーポレートセクレタリーサービス業者や会計事務所もある。なお，取締役が1名のみの会社では，取締役による宣言書（declaration）の作成および署名でもって，会社法上の取締役会決議の要件を満たす（会社法第157条B）。

・会社法上，取締役の選任方法は定められておらず，附属定款において定められる。附属定款において，定時株主総会または取締役会において選任する旨定めることが通例であるが，特定の株主が取締役を選任する等の定めも可能である。会社法上，取締役の資格に関し一定の制限（破産者でないこと（会社法第148条(1)等）が存在し，附属定款において位，取締役の資格をさらに限定すること（例えば株主であること）

- も可能である。
- 会社法上，取締役の任期，退任および再任についても定めはなく，附属定款に定められる。また，取締役は会社への通知によりいつでも辞任できる。但し，当該辞任が会社と取締役の間の契約違反となる場合，同契約に基づき賠償責任を負う。取締役の報酬（シンガポールにおいて所得税の対象となる支払い）については，同地位に係る報酬分（従業員給与分は含まれない）につき株主総会の承認が必要である（会社法第169条(1)）。
- 取締役は，コモン・ローおよび会社法上（会社法第157条等）の義務を負い，会社との信認関係に基づき，信義誠実義務（duty to act honestly and in good faith in the interest of the company），善管注意義務（duty to exercise care, skill and diligence），利益相反回避義務（duty to avoid conflict of interest）並びに権限および情報の正当な行使義務（duty to not misuse power and information）等を負う。取締役は，会社と個人的利益との間に相反関係がある場合，取締役会に利害関係を開示し，承認を得なければならない。

出所：行村洋一郎（2012）「各国のコーポレートガバナンス シンガポール」日本監査協会『月刊監査役』No.594，25～27ページ，直接引用。なお，ここで援用している文章について，「シンガポールの法令および英語表記は，筆者によるものであり，必ずしも公定の訳ではないことに留意されたい。実際の法令の解釈にあたっては，可能な限りその原文を参照されたい」（20ページ）としている。

3 外部ガバナンス

(1) 主要なプレイヤー

　上述のように構成されるシンガポールのコーポレート・ガバナンスは，会社の定款によるところが多い。シンガポールでは，「取締役会は監督機能を有しながらも，いまだに経営上の意思決定を行う機関としての意識が根強く，業務執行者に対する純然たる監督機関としての役割は，実務において取締役会に期待されていない点が特徴的である」[14]といわれており，また「会社法の規定（216条A）によって株主が上場会社に対して株主代表訴訟を提起することができないことから，ガバナンス機能の強化として独立取締役の監督機能の向上が必要」[15]と指摘されている。つづけて，「イギリスのような機関投資家が多い

国では,取締役会は純然たる監督機関として機能することが志向される。これに対して,シンガポールのように上場会社といえども,いまだに同族会社や旧国営会社が多数を占め,業務執行者と取締役会の議長が同じ人物であることが多く,株主総会と取締役会の経営意思が一致しやすい場合には,実務において取締役会の監督機能が強く志向されることはないのではないか」16)と言及される。史的に一党独裁でかつ現在もなおつづいている状況は,裏を返せば,すなわち株主による自治的監査・少数株主保護,機関投資家および市場によるモニタリング,企業統治における株主以外の利害関係者の利益への配慮などが機能していないと論及することができるのである17)。

　市場を開放し,グローバル化を推し進めながら国際基準によるルールを整備しつつも,政府による影響がきわめて強い政治経済構造となっている。これに関連したシンガポール企業の特徴は後述する。

(2) 情報開示

　シンガポールでは,2000年代半ばから「SGX全上場企業に一斉にガバナンスに対する情報開示が義務づけられるようになった」18)。ゆえに,SGXウェブサイトよりCompany Information内のAnnual/Financial Reportsにおいて上場会社のCompany disclosureの状況が確認できる。Annual reportは,多くの企業が提出しており,共有されているが,ほかのレポートなどはバラつきがある。

　情報開示については,CCGにおいて詳細に検討されており,ガイドラインとして明示されている。同コードの「コーポレート・ガバナンス体制の開示」では,「上場規則では上場会社に対し,自社のコーポレート・ガバナンスのプラクティスについて年次報告書で開示することを求めている。この開示にあたっては,本コーポレートガバナンス・コードに定められた原則に具体的に言及し,本コードのガイドラインからの逸脱については,それを開示し説明しなければならない。会社は,年次報告書におけるコーポレートガバナンス・セクションの冒頭で,本コードの原則やガイドラインに従っていることを積極的に確認し,また本コードに従っていない部分を明確に記さなければならない。多

くのガイドラインでは，会社に対して自社のコーポレート・ガバナンス体制の開示を提言している」[19]として，開示要件の項目が明記されている。

シンガポールではCCGが基本的に遵守され，透明性・健全性が高い市場といわれているが，「2000年代に入り，適切な情報開示が示されなかった場合に，上場会社の独立取締役が責任を問われる事案が現れている」[20]のは事実で，China Aviation Oil Corporation Ltd（CAO）事件における刑事罰の事例や，独立取締役に会社法上の資格剥奪命令が課されたOng Chow Hong v. Public Prosecutor事件判決などが報告されている[21]。

(3) 株主行動主義の状況

シンガポールの上場会社を，「株式保有の観点から見てみると，株式の持ち合いが多く，少数の支配株主が支配権を左右する数の株式を握っており，その他の株主の1人あたりの持株数は一様に低い傾向にある。また，種類株式を発行することによって支配株主が重要な事項について決定権を握っていることも多いようである。このような少数の支配株主に株式の保有が集中し，上場会社をコントロールするという現象は，シンガポールのみならず東南アジア各国で生じているとの指摘もある。さらに，シンガポールでは創業者一族が支配株主であるほかに，政府機関が支配株主となっている上場会社が多いのが特徴」[22]と考察することができ，いわゆる政府系ファンドにおける新たな株主行動（アクティビズム）の動向は，注目されるところである[23]。

(4) M & A

シンガポールにおける一般的で代表的な企業買収の手法は[24]，①株式譲渡（非上場会社を対象とする企業買収の最も一般的な手法），②資産・事業譲渡（買収者は，対象会社との間の契約に基づき，対象会社から，対象会社の資産または事業の全部または一部を譲り受ける），③スキームオブアレンジメント（対象会社が既存株式を消却，新株を買収者に発行し，買収者からの対価として，現金または株式を対象会社の旧株主に交付する。対象会社の既存株主が現金または株式を対価として，対象会社の

株式を買収者に譲渡するという方法もある），④合併（2つ以上の会社が，存続会社または新設会社に消滅会社の権利業務を承継する手続き），⑤公開買付け（買付者が，現金，株式またはほかの証券を対価として，対象会社の株主から株式を買い付ける），である。

シンガポールにおいては，後述するように政府系企業の影響力が大きく，M&Aも限定されると推察できるが，同時に外資系企業の進出が多い同国においては，企業の活動範囲および可能性を広げる重要な枠組みといえる。

4　社会における企業

(1) 企業の特質

シンガポールの会社は，会社法上，「主として株式の公開性の観点からする私会社（Private Company Limited by Shares）と公開会社（Public Company），構成員の責任の観点からする有限会社（Limited Company）と無限会社（Unlimited Company），および株式資本の有無の観点からする株式会社（Company Limited by Shares）と保証会社（Company Limited by Guarantee）の分類」[25]がされており，「実務において圧倒的多数を占めるのは私会社であるが，少数でも国民経済的影響力を行使しうるのは，主に公開会社である」[26]。シンガポールにおける株式会社の99％以上が私会社とされているが，同族会社から政府系企業の子会社または関連会社として，その形態は多様である[27]。とりわけ，「大多数の私会社は同族経営を行っており，株主が取締役であり，かつ業務執行者でもある。建国から未だ40年ほどしか経ておらず，独立後まもなく制定された会社法のもとで創業者が未だ現役の経営者という会社も少なくない」[28]と上述した理解と同様に言及される。

戦後，シンガポール社会の成り立ちには史的に一党独裁で現在もつづいていることが特徴的であり，政府の影響力は非常に大きい。かかる状況で政府系企業（Government Linked Companies : GLCs）のポジションは揺るがないものとなっ

ている。同国には、「テマセク・ホールディングズ（Temasek Holdings），MNDホールディングス（MND Holdings），およびシンガポール・テクノロジーズ（Singapore Technologies）の３大政府持株会社があり、それぞれ、財務省、国土開発省、および国防省の持株会社となっている。この３大持株会社を通じてGLCsが株式の相互保有を繰り返し、末端の会社にまで政府の政策のてこ入れがしやすいように」[29]なっており、「主要な産業分野における会社を子会社化し、さらにその子会社が多数の会社を傘下に置くことで直接・間接的に影響を与えている」[30]のである。

　GLCsに関して、その評価はシンガポール国内でも分かれている。シンガポールGLCsは、政府も企業の担い手となり自由に競争するという発想のもと、効率性と収益性を最優先した企業経営がなされていることが指摘されている。特徴的なのは、上記した経営戦略のもとで、非常に多様な業種にGLCsが用いられていること、GLCsによる外国投資も盛んなことである。このようにGLCsを国有企業の稀有な成功例と位置づける評価もあるが、1997年に起こったアジア通貨・金融危機を契機にGLCsに批判的な意見も多く出てきた。第一に、民間企業に比べ財務上の支援を受けやすい。第二に、GLCsが民間企業の投資機会を奪うことである。第三に、政府官吏とGLCsとの癒着問題である。これは、アジア危機時にも、政府が政府官吏取締役を通じてGLCsをその緩衝材として用い、民間企業が経営危機に喘ぐなかGLCsのみが高額の内部留保金を保持していたとされる。第四に、政府官吏やそのOBは一般的にリスク受容者にはなれないという点である。そのため、リスクをとる企業経営には向かないとの指摘もある。第五に、GLCsが非常に多くの業種に分散しすぎており、巨大コングロマリットを形成していることである。第六に、GLCsが経営危機に陥った場合、ほかのGLCsに事業が継承され救済される点である。そのため危機管理意識が薄いとの指摘がある。第七に、透明性の問題でGLCsの企業情報の詳細が明らかにされていない点が指摘される。第八に、国有企業の外国投資は、自由経済諸国において、しばしばマイナスイメージを持たれ、挫折しやすい点が指摘されている[31]。

GLCsについては以上のような批判もあるが，近年では，上場GLCsの株式保有構造に変化があると指摘されており，依然として政府機関の支配はあるものの，外資による保有割合も高くなっている[32]。

GLCsも「社内統治機構の仕組みに関しては会社法に従うが，実態として政府官吏が取締役や役員に選任されるため，会社および会社の利害関係者のための統治というよりは，政治的配慮からの経営」[33]といった性格が強いことに疑いはない。

(2) 社会的責任に対する考え方

近年では，CSRに対する意識も高くなっており，大企業ではCSR報告書がまとめられている。基本的に当該企業のウェブサイトよりダウンロードや閲覧が可能である。しかしながら，SGXウェブサイトにおけるCompany Informationにて項目が設けられている各企業の「Sustainability Report（サスティナビリティ報告書）」は，No Data Foundとなり，情報開示のガイドラインが促進されつつも，整備された基盤の構築にはまだ時間がかかりそうである。

(3) Good practice（事例）

本項では，シンガポールのコーポレート・ガバナンスを分析するうえでも重要な政府系企業について，とりわけ最近の経済活動において議論の対象となっている政府系ファンドのベスト・プラクティス（最良行動原則）について，簡単にふれる。

昨今の政府系ファンドといういわば大規模投資家の問題点は，情報の非公開性であると指摘されている[34]。そうした政府系ファンドの透明性は図6－2に示されるが，シンガポールのテマセク社は，世界的に比較すると透明性のレベルが高く，かつ投資手法が戦略的であることから，コーポレート・ガバナンスの機能および運営を高く評価できる。

2008年にはIMFが政府系ファンドに対する投資目的や投資実態の開示をするための原則，すなわち投資動向やガバナンス，アカウンタビリティのための

規制原則を公表し,投資慣行のための情報開示と透明性をもつための指針となる枠組みを提示した[35]。政府系企業の影響が多くみられるアジアにとって,政府系企業に対するこうした環境整備も急がれる。

なお,図中の「コモディティー系ファンドとは,石油・ガスなど資源国による資源関連収益を運用する投資主体」[36]であり,「非コモディティー系ファンドとは,輸出志向新興国において一定額以上に累積した外貨準備や政府の偶発的余剰金を将来に備えて運用する投資主体」[37]と把握される。

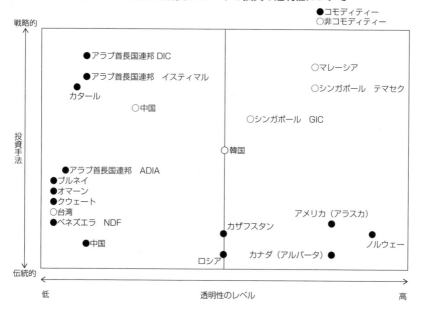

図6-2　上位20政府系ファンドの投資の透明性について

（注）下記出所では,同図の出典として,R－J. Gilson et al, "Sovereign WealthFunds and Corporate Governance：A Minimalist Response to the New Merchantilism", Rock Center for Corporate Governance, Stanford University, Working Paper Series No.26, p.34. 2008, を援用している。また同図はトレースによるものではないため,各位置に若干のズレがみられる。

出所：中村みゆき（2013）『政府系ファンドの投資戦略と投資家行動－シンガポールにおける事例研究－』税務経理協会,20ページ,図表1-1。

5 小括と課題

　シンガポールは，コーポレート・ガバナンスの視点からもアジアのハブ，そして世界のハブとしての役割が期待される。整備されたガバナンス・コードや会社法による取り決めは，よりよいコーポレート・ガバナンスの構築と運営に，重要な指針となっている。何よりも外資系企業が進出しやすい環境にあり，ガバナンスの基盤強化のためには最適な地であるといえる。昨今のシンガポールは，コーポレート・ガバナンスが健全に機能している市場だという高い評価も受けているが，戦後直後から先進国というわけではなかった。独立国家としての歴史は50年ほどで，一党独裁にファミリー企業，多民族国家でいわば発展途上国から急速な成長を遂げてきた姿は，同じようなプロセスにあるアジア諸国家のモデルとなり得る。アジアにおけるその先導性は，コーポレート・ガバナンスにおいても同様で，コーポレート・ガバナンスの機能および運営に対する特徴的な視座を発展的に提供しつづけていくといえる。ただ，同国の経済活動における国内の主要企業は，GLCs（政府系企業）で占められており，GLCsのコーポレート・ガバナンスの透明性をどのように保持するのかが今後の課題である。

（注）
1) World Bank（世界銀行）World Development Indicators（http://data.worldbank.org/products/wdi，Last Updated: 12/19/2014），外務省（http://www.mofa.go.jp/mofaj/area/index.html，2015年1月14日アクセス），JETRO（https://www.jetro.go.jp/world/，2015年1月14日アクセス）。
2) 中村みゆき（2013）『政府系ファンドの投資戦略と投資家行動－シンガポールにおける事例研究－』税務経理協会，58ページ。
3) 同上書，59ページ。
4) 同上書，同ページ。
5) 行村洋一郎（2012）「各国のコーポレートガバナンス　シンガポール」日本監査協会『月刊監査役』No. 594，28ページ。
6) 林孝宗（2010）「シンガポールにおけるコーポレート・ガバナンス－取締役会の機

能と独立取締役の役割を中心に-」早稲田大学大学院社会科学研究科『社学研論集』Vol. 16, 302ページ。
7) 林孝宗(2014)「シンガポール法における上場会社取締役の監督義務とエンフォースメント」早稲田大学大学院社会科学研究科『社学研論集』Vol. 23, 255ページ。
8) 同上論文, 同ページ。
9) 同上論文, 同ページ。
10) JETRO (http://www.jetro.go.jp/world/asia/sg/) を参照。
11) 同上, 参照。
12) 林(2010), 前掲論文, 300ページ。
13) 中村みゆき(2005)「シンガポールにおけるコーポレート・ガバナンス」佐久間信夫編『アジアのコーポレート・ガバナンス』学文社, 196ページ。
14) 林(2010), 前掲論文, 310ページ。
15) 同上論文, 311ページ。
16) 同上論文, 311ページ, 傍点引用者。
17) 上田純子(2005)「シンガポールの企業統治と企業法制改革」今泉慎也・安倍誠編『東アジアの企業統治と企業法制改革』アジア経済研究所, 175〜178ページ。
18) 中村(2005), 前掲書, 206ページ。
19) 金融庁 (http://www.fsa.go.jp/)「シンガポール・コーポレートガバナンス・コード(仮訳)」(http://www.fsa.go.jp/singi/corporategovernance/siryou/ 20141020/ 11. pdf, 2015年3月2日アクセス), 26ページ。
20) 林(2014), 前掲論文, 266ページ。
21) 同上論文, 263〜265ページ。
22) 同上論文, 257ページ。
23) 中村(2013), 前掲書, 3〜9ページ。
24) 本項は, 行村洋一郎(2012)「シンガポールにおける企業買収および留意点」国際商事法研究所『国際商事法務』Vol. 40, No. 9, 1343〜1345ページ, 直接引用含む。
25) 上田(2005), 前掲書, 164ページ, カッコ内引用者。
26) 同上書, 同ページ。
27) 同上書, 165ページ。
28) 同上書, 同ページ。
29) 同上書, 167ページ。
30) 林(2014), 前掲論文, 257ページ。
31) 上田(2005), 前掲書, 168〜170ページ。
32) 林(2014), 前掲論文, 257〜258ページ。
33) 上田(2005), 前掲書, 170ページ。
34) 中村(2013), 前掲書, 19ページ。
35) 同上書, 26〜27ページ。
36) 同上書, 29ページ。
37) 同上書, 32ページ。

第7章　タイのコーポレート・ガバナンス

1　企業環境

(1)　基本情報

[人口]　約6,701万502人（2013年）
[首都]　バンコク（クルンテープ・マハナコーン）
[言語]　タイ語
[民族]　タイ族，少数が華人，マレー族など
[宗教]　上座部仏教（95％），イスラム教（4％），キリスト教（0.6％）
[政体]　立憲君主国
[議会概要]　二院制，ただし2014年7月施行の暫定憲法より一時的に一院制。上院150議席中76名は選挙により選出，残りは任命，任期6年。下院は500議席で小選挙区375，比例代表125，任期4年
[通貨]　バーツ（Baht）
[経済規模]　GDP：約2,304億ドル，国民1人当たり約3,436ドル（2013年時点，2005年基準実績値）

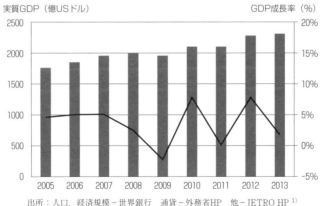

出所：人口，経済規模－世界銀行　通貨－外務省HP　他－JETRO HP [1)]

121

(2) 主要証券市場および上場会社の概要

　タイの証券取引市場は，東南アジアでは主要なマーケットのひとつである。タイでは，主にタイ証券取引所（The Stock Exchange of Thailand：SET）において，証券取引をはじめとした各種運営がなされている。SETは，1975年に開設され，その歴史は浅く「1980年代には証券市場への企業の参加や取引規模は非常に小さく，証券取引が急拡大したのは，金融自由化のもとで景気が過熱した1990年代に入ってからである」[2]。それは，1992年証券取引法（The Securities and Exchange Act of 1992：SEA）による証券取引委員会（The Securities and Exchange Commision（SEC）の設立によるものでもある。SECは，「広範な規則制定権を有し，たとえば，会社が株式，社債その他の証券を公募する場合には原則としてSECの許可が必要である。（…）SECは発行会社の企業統治状況を明示的に審査基準に取り入れることで，公開会社に対する企業統治改革を義務づけてきた」[3]。この時期，証券市場の拡大を背景に，証券取引法や公開株式会社法の改訂および施行などで制度化が図られるようになった。同時に，1993年に提出された世界銀行の報告書『東アジアの奇跡』によって，タイも含むアジアの国々およびその市場の急成長が注目された。多国籍企業の現地展開は進み，投資家・投機家たちは，このマーケットをターゲットにした。かかる状況下，過度な資本の活動（流出入）は，規制などを整え始めたばかりの国においては対応しきれず，1997年のアジア通貨金融危機を招いた。1960～1980年代，急速に発展を遂げてきたこれらの地域および国の市場は急激に縮小した。とはいえ，具体的な内容は後述するように，「アジア金融危機後の金融改革では証券市場の育成に力点がおかれ企業の資金調達の多様化と企業ガバナンスの強化を目指して，企業の情報開示や会社法の改革が進められてきた」[4] といえよう。

　タイの証券市場は，上記したSETとともに，中小企業に対する長期的な資金供給およびグッド・ガバナンスなどを目的に代替的投資市場（Market for Alternative Investment：MAI）も1999年に設立され，基盤の安定と拡大が図られている。2016年2月現在，上場企業数は，SETで約570社，MAIで約120社

となっている5)。株式の時価総額は近年で倍加するほどであり,「SETの新規上場株式総額は,2015年までで3年連続で東南アジア諸国連合(ASEAN)の首位」6)となっている。最近では,証券取引市場の今後の展望について,2020年には上場株式の時価総額が2014年比の2倍(約81兆4,000億円)に拡大する見通しで,近年のシンガポール証券取引市場に比肩するほどの規模になるというSETのケサラ・マンチュスィ社長の認識が示されている7)。

なお,下記でふれる民商法および公開株式会社法によって,タイの私企業は,①社員(株主)は全て無限責任である,普通パートナーシップ(Ordinary Partnership),②無限責任社員と有限責任社員で構成される,有限パートナーシップ(Limited Partnership),③株主は全て有限責任,株式の公開発行はできない非公開株式会社(Limited Company),④株主は全て有限責任であり,かつ株式を公募することができる公開株式会社(Public Limited Company)の4つの企業形態をとる8)。

(3) コーポレート・ガバナンスに関わる規制および規制主体

タイにおいては,民商法(Civil and Commercial Code)と公開株式会社法(Public Limited Companies Act)によって会社の設立形態や運営規則などが取り決められており,また「SETやMAIに株式を上場している公開会社は,公開会社としての法的規制に服することに加え,SEA並びにSEC,SETおよび資本市場監視委員会(Capital Market Supervisory Board)の通達による規制にも服する」9)ことになっている。

なお,SECは「上場会社においては,資本市場監視委員会の通達等により,少なくとも3名以上の独立取締役を設けるとともに,取締役の3分の1以上が独立取締役となるように取締役会を構成すること」10)を義務付けている。この「独立取締役に該当するためには,①当該会社等の議決権を1%超保有していないこと,②当該会社等の取締役,従業員等であったことがないこと,③当該会社の役員や主要株主等の血縁関係等の関係を有しないこと,④当該会社等と取引関係等を有していたことがないこと等の条件を満たす必要がある」11)。

つづけて,「資本市場監視委員会の通達において,上場会社は,少なくとも3人以上の独立取締役から構成される監査委員会（audit committee）を設置しなければならない」12) としている。このような点については,後述する＜2　内部統制システム＞とあわせて参照されたい。

　また,SETは2006年に上場会社に対するコーポレート・ガバナンス原則 (The Principle of Good Corporate Governance for Listed Companies) を制定した。SETのウェブサイトによると,①株主の権利（Rights of shareholders）,②株主の平等（Equitable treatment of shareholders）,③ステークホルダーの役割（Role of stakeholders）,④開示と透明性（Disclosure and transparency）,⑤取締役の責任（Responsibilities of the Board）,の5原則について,遵守すべきベスト・プラクティスだとしている13)。このコーポレート・ガバナンス原則については,「それ自体が法的拘束力を有するものではないが,上場会社は年次報告書において,これらの原則の遵守状況,遵守していない場合にはその理由を説明することが要求されている」14)。

(4) 外資系企業の進出状況,規制

　タイの対内直接投資（2013年）は,国別で日本60.7％,中国・香港・台湾10.7％,ASEAN 9.0％,アメリカ2.0％,EU 8.5％となっており,業種別では機械・金属加工42.4％,電気・電子機器17.5％,サービス・インフラ13.7％,化学・紙10.7％とつづく15)。日本との際立った関係性が顕著である。具体的に,外資系企業の進出について,「外国企業が圧倒的なシェアを占めているのは,自動車産業と電子産業の二つである。前者はトヨタ,日産,ホンダ,デンソーなどの日本企業だけでなく,GM,フォルクスワーゲンなど欧米企業も軒並み進出している。電子産業は,米国のウエスタンデジタル社,シーゲイト・テクノロジー社（HDD）をはじめ,日本の日立製作所,パナソニック,東芝,韓国のサムスン,LG,そして香港・台湾企業が,ほぼ市場を独占していた」16) と言及されている。このような動向に関して,タイにおける企業形態の特色であるファミリービジネスと多国籍企業などの混在している経済社会の状況を,末

第7章　タイのコーポレート・ガバナンス

廣昭は「棲み分け」という枠組みで整理している。図7−1である。

外資規制については，外国人事業法（Foreign Business Act：FBA）によって様々な事項にわたって取り決めがされている。外資規制に関する主な項目として，JETROには，①規制業種・禁止業種，②出資比率，③外国企業の土地所有の可否，④資本金に関する規制，⑤その他規制，が記されており[17]，詳しくは同機関ホームページから参照できる。タイは，ほかの国と比べて相対的に細かなルールが策定されている。

海外進出に際しては，タイ投資委員会（Board of Investment：BOI）のウェブサイトより，同国における投資環境，税制および関係法令，法人所得税などの課税，特許・著作権・登録商標，産業に係る許認可，労務関連，経営におけるビジネスコスト，投資促進政策と投資奨励法などについての情報が整えられており，簡単に取得できる[18]。そのため，タイ市場への現地進出の際には，細かい手続き等はあるものの不透明さが少ない。

図7−1　タイにおける企業展開の棲み分け

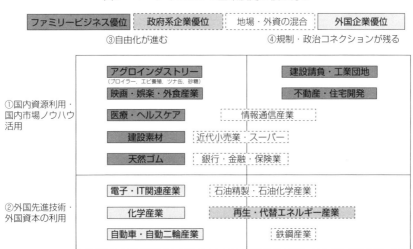

出所：末廣昭（2014）『新興アジア経済論—キャッチアップ型を超えて』岩波書店，113ページ，図5−1。

2 内部統制システム

(1) 機関設計

　タイにおける上場企業のコーポレート・ガバナンスに関する機関構成は，イギリスやアメリカと同じような形態で図7－2のように示される。株主総会および取締役会の役割と機能は表7－1，7－2になるが，「特筆すべきことは，①支配株主から独立した最低3名の取締役の任命，②経営陣から独立した監査委員会の設置，③報酬委員会や指名委員会の新設，④投資家の立場に立った詳細な株式発行目論見書の提出義務」[19]と言及されている。また，アジア各国のコーポレート・ガバナンスを比較した論考でも，タイのその特徴的な点として，「SEC（証券取引委員会）の規定により，公開会社は全て外部取締役としての独立取締役の設置を義務づけている。また，タイ公開会社では，証券法に基づきSECが認証した者だけを会計監査人に選任でき，かつ3人以上で構成される監査役会の設置を義務づけた。タイ公開会社での認証会計監査人および監査役会の設置，独立取締役義務化は，コーポレート・ガバナンスの強化を制度化したものであろう」[20]と述べられている。

図7－2　タイにおけるコーポレート・ガバナンス機関構成

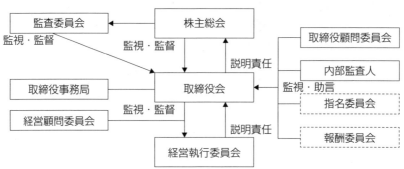

出所：小島大徳（2005）「タイのコーポレート・ガバナンス」佐久間信夫編『アジアのコーポレート・ガバナンス』学文社，176ページ，図表9－2。

(2) 株主総会

株主総会の各種内容は，法で定められているため，文献や資料によって大きな違いがあるわけではない。以下の表7－1は，非公開株式会社と公開株式会社における株主総会の主な内容となっている。

表7－1　タイの株主総会について（主な取り決め）

非公開株式会社（民商法：Civil and Commercial Code）
・株主総会は，年に1回，定時株主総会が開催され（第1171条）， ・当該総会において株主は，取締役及び監査役の選任を行うとともに貸借対照表及び損益計算書の承認を行う（第1197条）。
・取締役会はいつでも株主総会を招集することができるとともに，資本の半分を失った場合，株主総会を招集する義務を負う（第1172条）。
・さらに，発行済株式の20％を保有する株主は，議題を明示の上，取締役会に対して，書面で株主総会の招集を要求することができる（第1173条）。
・株主総会の招集通知は，株主総会の詳細（場所，日程，時間及び議題）を明らかにした上で，総会の7日前（特別決議を要する事項を決議しようとするときは，当該総会の14日前）までに株主名簿に記載された住所に郵送の上，新聞広告に掲載する必要がある（第1175条）。
・株主総会においては，一株一議決権であり，委任状による出席も可能である（第1182条）。
・定款に別段の定めがない限り，株主総会の成立のための定足数は25％であり（第1178条）， ・普通決議の成立のためには出席株主の過半数の議決権の賛成を，また特別決議の成立のためには出席株主の75％の議決権の賛成を，それぞれ要する（第1194条）。
・株主総会においては，取締役会で選任された者が議長を務め，取締役の選解任，定款変更，株式資本の増減，合併，監査役の指名及び重要な取引の承認などを決議する。このうち取締役の選解任は，定時株主総会で行われ，毎年，取締役のうち3分の1を改選しなければならない（第1152条）。
・但し，取締役に空席が生じた場合，下記のとおり，取締役会が代わりの取締役を選任することができる（第1155条）。
公開株式会社（公開株式会社法：Public Limited Companies Act）
・公開株式会社は，PCAに基づき，株式を公に発行することを目的として設立される会社で（PCA 15条），15人以上の自然人の株主が必要である（第15条）。

- ※ 公開株式会社は，非公開株式会社と同様，又は類似の規制を受ける事項も多く，以下は公開株式会社に適用される規制のうち，重要と思われる事項の一部である。
- ・株主総会の招集通知は，原則として非公開株式会社と同様であるが，特別決議の場合であっても，株主総会当日の7日前までに招集通知が発送されている必要がある（第17条）。
- ・普通決議は，定款に別段の定めのない限り，25名の株主又は半数以上の株主が出席し，かつ全株式数の3分の1以上を構成する株主が出席した場合に定足数を充足し（第103条），
- ・当該出席株主の過半数の議決権の賛成を要する。特別決議の成立については，非公開株式会社と同様に，出席株主の75％の議決権の賛成を要する（第107条）。

出所：十一崇・中野常道・クリストファー　オスボーン（2011）「新興国のコーポレート・ガバナンス　タイ」公益社団法人　日本監査役協会『月刊　監査役』No.591，42～46ページ，直接引用。なお，ここで援用している文章について，「タイの法令及び政府機関の名称や法令用語等の日本語及び英語表記は，筆者によるものであり，必ずしも公定の訳ではないことに留意されたい。したがって，実際の法令の解釈にあたっては，可能な限りその原文を参照されたい」（40ページ）としている。そのため，直接引用であるものの，文言の若干の調整をしている。あわせて，Ministry of CommerceのDepertment of Bussiness Development（http://www.dbd.go.th/dbdweb_en/，2016年2月15日アクセス）における原文を参照している。

(3) 取締役会の構成と規定

取締役会の各種内容についても，法で定められているため，文献や資料によって大きな違いがあるわけではない。以下の表7－2は，非公開株式会社と公開株式会社における取締役会の主な内容となっている。

表7－2　タイの取締役および取締役会について（主な取り決め）

非公開株式会社（民商法：Civil and Commercial Code）
(1) 取　締　役
・1名以上の取締役を設置しなければならず，国籍要件はなく，タイ国籍の者である必要はない。取締役は，株主総会の決議により選任及び解任される（第1151条）。
・取締役がその人気の満了前に退任した場合，又は株主総会によって任期満了前に解任された場合は，取締役会が暫定的な後任取締役を任命することができる（第1155条）。

- 取締役は，株主総会及び会社の規則に従って会社を運営しなければならず（第1144条）。
- 善管注意義務（business judgment of careful businessman）をもって経営判断を行なわなければならない。とりわけ取締役は，①株主による出資金の支払確保，②法令上必要とされる会計書類及び書類の保管・管理，③法令上必要とされる配当の実施，並びに④株主総会決議の執行などについて，連帯して責任を負う（第1168条）。
- 取締役は，株主総会議事録及び取締役会議事録を準備し，当該非公開株式会社の登録事業所（registered office）に保管しなければならない（第1207条）。
- なお，当該非公開株式会社の発行済株式の5分の1を有する株主が請求した場合には，管轄大臣（登記官）は当該非公開株式会社の状況を調査するため，1名以上の検査役を任命することができる（第1215条）。
- 取締役は，株主総会における承認なしに，自己又は第三者の名義などで，当該非公開株式会社と同種及び競合する商業上の取引を行うことが禁止されている。なお，当該会社が上場会社の子会社である場合，取締役は上場会社の取締役に適用される義務と同様の義務を負うとされていることに注意する必要がある（証券市場法 第89／24条）。

(2) 取締役会

- 取締役会は取締役によって構成され，取締役会によって選任された議長によって招集されるが，各取締役は定款に別段の定めのない限り，いつでも取締役会を招集することができる。取締役会の決議にあたっては，定款の定めに基づいて取締役の過半数が出席している必要があり（但し，3名の取締役又は取締役会が決定する人数が必要である）（第1160条）。
- 出席取締役の過半数の賛成によって決議は成立するが，可否同数の場合，議長が決する（第1161条）。

※ 関連するその他の事項

- 取締役は，委任状による出席・決議及び書面による決議が商務省（MOC）の通達により禁止されていることから，取締役会に出席することが必要とされている。MOCによる当該通達の執行は比較的厳格に行われており，とりわけMOCの登録を要する事項については，MOCの通達に違反していることが判明している場合，登録を行うことができないことがある。なお，MOCは，テレビ会議等による取締役会の開催について検討しているが，当該方法を認めるか，また認めるにしてもいつの時点で認めるかなどについては明らかではない。

- 日本の会社法における代表取締役に相当する制度はなく，各取締役の権限は定款等によって比較的自由に設定することができる（逆にいえば，定款により，日本の会社法における代表取締役に相当する権限を有する取締役を設置することも可能である。但し，実務的には単独で1人の取締役が，全ての権限を有するという事例は必ずしも多くはない）。

- 取締役制度の中で，重要であるのが署名取締役制度（authorized director）であり，署名取締役を設置する場合，会社の行為を代表する者として署名取締役を定め（複数人を定めることも可能である），その者の名前及び代表事項は登記事項となっている（第1111条）。

- また，取締役会は会社を代理する権限を有するが（第1167条），取締役会は，第三者に対して権限を移譲することができ，当該第三者の行為は会社を拘束する。

公開株式会社（公開株式会社法：Public Limited Companies Act）

- 公開株式会社は，公開株式会社法に基づき，株を公に発行することを目的として設立される会社で（第15条），15人以上の自然人の株主が必要である（第15条）。

※ 公開株式会社は，非公開株式会社と同様，又は類似の規制を受ける事項も多く，以下は公開株式会社に適用される規制のうち，重要と思われる事項の一部である。

(1) 取締役

- 公開株式会社は，5人以上の取締役が必要であり，その過半数はタイの居住者でなければならない（第67条）。

- 取締役は，定款に別段の定めのない限り，全取締役が定時総会において改選される。選任に際しては，いわゆる累積投票制によることとされている（第70条）。

- 公開株式会社における取締役は，会社の事業を遂行するにあたって，全ての法令，当該公開株式会社の目的及び定款並びに株主総会の決議を忠実に遵守し，会社の利益を守る義務が規定されている（第85条）。

(2) 取締役会

- 公開株式会社の取締役は3か月に1度以上，定款に別段の記載がない限り，会社の本社のある地域において開催される必要がある（第79条）。

- 取締役会の招集通知は，当該取締役会の7日前までに送付される必要がある。但し，緊急の場合，その他会社の利益のために必要とされる場合は，より短期間の通知をもって取締役会を開催することも認められる（第82条）。

- また，定款に別段の定めのない限り，取締役会は1人以上の取締役又はそれ以外の者を取締役会の代理として任命することができる。

出所：十一崇・中野常道・クリストファー　オスボーン（2011）「新興国のコーポレート・ガバナンス　タイ」公益社団法人　日本監査役協会『月刊　監査役』No.591，42～46ページ，直接引用。なお，ここで援用している文章について，「タイの法令及び政府機関の名称や法令用語等の日本語及び英語表記は，筆者によるものであり，必ずしも公定の訳ではないことに留意されたい。したがって，実際の法令の解釈にあたっては，可能な限りその原文を参照されたい」（40ページ）としている。そのため，直接引用であるものの，文言の若干の調整をしてい

る。あわせて、Ministry of CommerceのDepertment of Bussiness Development（http://www.dbd.go.th/dbdweb_en/、2016年2月15日アクセス）における原文を参照している。

3　外部ガバナンス

(1) 主要なプレーヤー

　アジアの国々において、財閥やファミリービジネスといった経営形態・企業形態は少なくない。市場があまり発展していない状況では、事業を多角化した中でのグループ間における連携や政府との結びつきが、急速な発展を促進させる強みとされている。いわば、「同族企業はオーナーを軸に優秀な社内幹部、外部スカウト組、コンサル会社が支えるハイブリッド経営で独自に進化している。先を読めない時代において、独善に陥らなければ同族経営の決断力は武器となる」[21]とも言及される。

　しかしながら、表7-3に示されるように、1997年アジア通貨金融危機を画期とした改革によって、ファミリービジネスの分布比率は減っている。これは、この経済危機の時代に、ファミリービジネスの多くの企業が「債務再構築のために、保有株式を競争相手である外国企業に売却するか、合弁パートナーである外国企業に売却することを迫られた」[22]からである。そうした動向から、同表においては、通貨危機後の2000年代に、旧公企業（上場の政府系企業）と外国企業の企業数と売上高のシェアが伸びているのである。とはいえ、「通貨危機後に、世界銀行などが期待したような、少数株主や機関投資家が株式の過半数を保有し、専門経営者が運営する分散所有型企業はほとんど誕生しなかった」[23]と考察され、同表の2004年から2010年の分布の変化から看取できるように、ファミリービジネスの存続と復活は、ガバナンスにおける主要なプレーヤーとしての位置づけに、本質的にはあまり変化がないことを証左している。

表7-3 タイにおける売上高上位100社とファミリービジネスについて（1989～2010年）

（単位：社数，100万バーツ，％）

	1989	1997	2000	2004	2010
(1) 企業数の分布からみる所有形態別比率					
企業数合計（社数）	100	100	100	100	100
① 政府系企業（上場）	5.0	9.0	13.0	14.0	14.0
② 王室財産管理局	7.0	5.0	5.0	7.0	8.0
③ ファミリービジネス（財閥型）	50.0	51.0	32.0	19.0	24.0
④ 分散所有・独立系企業	5.0	5.0	3.0	5.0	3.0
⑤ 外国企業	33.0	30.0	47.0	55.0	51.0
うち日本企業	17.0	18.0	20.0	28.0	24.0
(2) 売上高合計の分布からみる所有形態別比率					
売上高合計（10億バーツ）	719	2,439	2,848	4,980	11,651
① 政府系企業（上場）	14.9	15.7	19.3	32.7	31.6
② 王室財産管理局	7.5	4.7	4.7	4.8	6.4
③ ファミリービジネス（財閥型）	42.6	48.3	27.9	11.6	18.3
④ 分散所有・独立系企業	3.0	2.1	1.2	2.8	2.0
⑤ 外国企業	32.0	29.2	46.9	48.1	41.8
うち日本企業	14.8	18.4	16.4	24.1	19.8

出所：末廣昭（2014）『新興アジア経済論－キャッチアップを超えて』岩波書店，101ページ，表5－2。

(2) 情報開示

タイにおける情報開示は，進展してきている。SETの上場会社については，SETウェブサイトより，Company Summaryで上場会社のAnnual Reportなど詳細な企業情報にアクセスできる。CG Reportも5段階で評価されており，ひとつの目安となる。このような点に関しては，「取締役会年次報告で，会社が保有する子会社の株式数と種類，会社が発行済み全株式数の10％以上を保有しているほかの会社または非公開会社の商号，本店所在地，業種，発行済み全株式数と種類，会社保有の株式数と種類，などの報告を記載しなければならない」[24]（公開株式会社法第114条）という規定もあり，基本的に遵守され，健全性

のある市場といわれている。上述したコーポレート・ガバナンス原則において
も，様々な企業環境や経営状態などの情報開示と透明性（会社のビジョンとミッ
ション，ビジネス・オペレーション，取締役会および経営陣のメンバーリスト，財務諸
表もしくは財務レポート，アニュアル・ステイトメントとアニュアル・レポート，アナ
リストやメディアへのブリーフィングでの情報提供，株主構成，グループ企業の関連性
と構造，株式保有の分布状況，年次総会と臨時総会のお知らせ，会社の定款・覚書・株
主協定，会社のコーポレート・ガバナンス・ポリシー，会社のリスク・マネジメント・
ポリシーとそのインプリメンテーション，監査委員会・指名委員会・報酬委員会・ガバ
ナンス委員会における憲章，取締役・雇用者・投資家の関わる人たちの倫理および行動
規範，IRのための電話・ファックス・メールなどの連絡先の詳細)[25]）について明らか
にするように記されており，積極的な取り組みが行われている。

　上場企業については，情報開示の方法に関する法令として，民商法，公開株
式会社法，会計法，証券取引法・証券取引委員会通達，タイ国証券取引上場基
準・通達，商業登記局通達があり，情報開示の内容に関する法令は，それらに
加えて1976年商務省令第2号，タイ国会計基準がある[26]）。同時に，「タイにお
ける企業の監督機関は，まず，情報開示方法・内容は，非上場企業の場合，商
業登記局や歳入局により，上場企業の場合，加えて，証券取引所が監督を行う。
また，会計基準は，タイ国会計士・監査人協会の下部組織である会計基準委員
会などによって審議・決定される。これと関連して財務諸表等の監査する会計
士は，政府機関である会計監査実務監督審議会による一定の指導の下，タイ国
会計士・監査人協会が進めることになる」[27]）と取り決められている。

　しかしながら，2013年に市場の信頼性を損なう不祥事が起きた。タイ名門財
閥チャロン・ポカパン（CP）グループ副会長によるインサイダー取引である。
2015年には約1億円の課徴金の支払いが命じられたと報道されたが，刑事処分
はなく，降格人事や役職解任などもない[28]）。企業統治の実態に問題が投げか
けられた事例である。

　情報開示と透明性の枠組みはできているものの，その運用には多くの課題が
あるといえよう。

(3) 株主行動主義の状況

これまで考察してきたガバナンスの環境拡充のなかには，公開株式会社における少数株主の権利の強化も挙げられる。その主な規定は，表7－4に示した。また，タイでは，株主総会での取締役の選任に累積投票制度（株主1株につき，選出人数と同等の投票権を有する制度で，中小株主に有利な制度）を導入しており[29]，特徴的な点だといえる。

表7－4 公開株式会社法上の主な少数株主権について

	権利の内容	株主の要件
第85条②(1)	取締役に対する損害賠償請求権の行使を会社に請求	発行済株式総数の5％以上
	取締役に対する株主代表訴訟	発行済株式総数の5％以上
第85条②(2)	取締役の違法行為の差止請求	発行済株式総数の5％以上
第100条	株主総会招集請求	発行済株式総数の20％以上，又は発行済株式総数の10％以上かつ株主数25人以上
第105条②	株主総会の議案審議終了後の新議案の提案	発行済株式総数の3分の1以上
第108条	株主総会決議取消請求	5人以上又は発行済株式総数の20％以上
第126条	帳簿閲覧	（単独株主権）
第128条	登記官に対する検査人選任請求	発行済株式総数の20％以上，又は株式数の3分の1以上
第155条	会社解散請求	発行済株式総数の10分の1以上

出所：今泉慎也（2005）「タイの企業法改革と経済危機－企業統治を中心に」今泉慎也・安倍誠編『東アジアの企業統治と企業法制改革』アジア経済研究所，287ページ，表3。

しかし，少数株主権の行使の要件とされる持ち株比率が他国と比較して高いといったことや，株主代表訴訟制度の規定が不明確・不十分で実行に移されないといった状況は，取り組むべき改善点だと指摘される[30]。具体的に，「公開株式会社法に基づく民事訴訟がほとんど提起されず，裁判例がほとんどない。破産・会社更生手続きや，SECによる刑事告発などを通じて経営者の責任追及がなされているのが現状である。裁判例の欠如は，本来は判例によって補足されるべき取締役の責任規定の内容を曖昧なままにしている。制度の実効性を高めていくためには，民事訴訟など権利主張のコストを低下させ，制度利用を

促すような修正を積み重ねていくしかないであろう。たとえば，草案に盛り込まれている株主代表訴訟の費用を会社に負担させる規定は，制度利用を促すために不可欠であろう」31)と提案される。それはまた，後述するタイの企業の特質（ファミリービジネスの形態による支配株主などの大きな影響）に強く関わってくる。先に述べたタイの名門財閥チャロン・ポカパン（CP）グループの不祥事に際する対応も然りであろう。タイにおける株主の権利に関する動向は，今後，注目されるところである。

(4) M＆A

タイにおけるM＆Aの大きな流れは，次のように指摘されている。その動向について，「第一の波は，1990年代前半のバブル経済期で，タイ人所有の金融会社や不動産会社が，株価のつり上げや転売目的で企業を買収した。次いで第二の波は，通貨危機直後から2004年頃までで，当初は外国企業，その後はタイ企業による同業他社の買収が続く。ただし，買収金額が10億ドルを超える大型案件は1件もなかった。第三の波は，2010年に始まり現在まで続く『M＆Aブーム』である」32)と述べられている。近年の主なM＆Aは，表7－5となっており，その資金は巨額化している。

参考までに，タイに進出した日系企業の日本側出資比率別では，JETROによると，図7－3になる。製造業では出資比率100％での企業展開が増えており，サービス業では出資比率50％未満での合弁による企業展開が8割ほどとなっている。

なお，BOIウェブサイトでは，合弁事業情報として，ジョイント・ベンチャーやビジネス・パートナーを求めている具体的な企業情報を載せてマッチ・メイキングを行っている。

表7-5　タイ財閥（ファミリービジネス），最近の主なM&A（3億ドル以上）

年月	グループ名	区分	被買収企業（備考）	業種	買収・出資金額	
					億バーツ	100万ドル
2010年7月	Banpu	買収	Centennial Coal（豪州ニューサウスウェールズの最大鉱山会社）	石炭	600	1,905
2010年7月	TUF	買収	MWBrands SAS（仏，ツナ缶詰最大手．リーマン・ブラザーズから）	ツナ缶詰	285	884
2010年8月	Sahaviriya	買収	Corus Group PLC（英）の高炉部門	鉄鋼・高炉	148	469
2010年12月	BGH	買収	Health Network PLC（Payatai, Memorial計7病院）	病院経営	100	317
2011年9月	Central	買収	La Rinascente SpA（イタリアの老舗ホテル）	ホテルチェーン	120	372
2011年9月	TCC Group	買収	Serm Suk PLC（タイ最大のソフトドリンク会社）	ペプシコーラ	100	314
2012年2月	Indorama	買収	Old World Industries, LCC（米）の化学部門	エチレン	244	795
2012年7月	TCC Group	買収	Fraser & Neave Ltd.（シンガポールの飲料最大手，李顕龍首相の実弟が会長）	飲料・食品	700	2,210
2012年12月	CP Group	出資	Ping An Insurance（平安保険，中国第2位）15%	保険	2,880	9,386
2013年4月	CP Group	買収	Siam Makro（SHV Holdings）．同時にアジア地域ライセンスを取得	近代小売	1,215	3,980

出所：各種資料より作成した末廣昭（2014）『新興アジア経済論－キャッチアップ型を超えて』岩波書店，117ページ，図5－6。

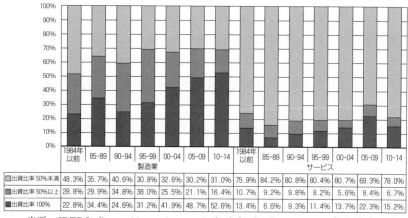

図7-3　タイ進出の日系企業日本側出資比率別推移（4,273社対象）

	製造業						サービス					
	1984年以前	85-89	90-94	95-99	00-04	05-09	10-14	1984年以前	85-89	90-94	95-99	00-04	05-09	10-14
出資比率50%未満	48.3%	35.7%	40.6%	30.8%	32.6%	30.2%	31.0%	75.9%	84.2%	80.8%	80.4%	80.7%	69.3%	78.0%
出資比率50%以上	28.8%	29.9%	34.8%	38.0%	25.5%	21.1%	16.4%	10.7%	9.2%	9.8%	8.2%	5.6%	8.4%	6.7%
出資比率100%	22.8%	34.4%	24.6%	31.2%	41.9%	48.7%	52.6%	13.4%	6.6%	9.3%	11.4%	13.7%	22.3%	15.2%

出所：JRTRO（https://www.jetro.go.jp/）よりジェトロバンコク事務所（2015）「『タイ日系企業進出動向調査2014年』調査結果について」，8ページ，図7。

4 社会における企業

(1) 企業の特質

　タイを含む経済発展の著しいアジアの新興国において，財閥，家族経営，ファミリービジネスによる企業形態は，周知のことであろう。すなわち，「タイで典型的にみられるような，大企業・企業グループの所有構造は，依然として家族所有による特徴がみられる点である。タイの大企業や企業グループでは，公開会社は少なく，家族所有の形態が多い。さらに，それが公開会社であっても非公開の家族所有持ち株会社による株式所有の割合が高い。以上のように，タイでは，家族所有，いわゆるファミリービジネスという特徴を持つガバナンス構造である。このようなタイのようなガバナンス構造を，アジアファミリービジネス・ガバナンスモデルと類型化できよう」[33]と捉えることができる。

　公開株式会社で上場企業といったガバナンスの運営よりも，非公開株式会社による設立および形態が多いとされ，「ファミリービジネスを特徴づけるのは，特定家族による所有と経営の排他的支配」[34]である。とはいえ，1997年アジア通貨金融危機を契機に，経営改革も進められている。現在の経営パターンは，①全体の経営戦略や財務を担う創業者一族，②コアとなる事業の管理とマーケティングを行う内部の生え抜き組，③専門的な技術や経理のノウハウをもつ外部からリクルートした専門家の三者による結合で，「三者結合体制」が定着したと論及されている[35]。それは，「激変する国際経済環境に対応する経営能力をファミリービジネスに与え，通貨危機後の彼らの存続と発展を可能にした」家族経営の維持とハイブリッド型経営とされる[36]。

　しかしながら，課題も指摘しておかなければならない。以前からいわれているように，「事業の急速な発展に対応するだけの資本調達が困難であることや，少数株主の利害と相反すること，家族の『ワンマン経営』や独善的な暴走を止められないこと，有能な人材や専門経営者が育ちにくいこと，家族内の不和が経営を危うくする危険性のあること，後継者への事業継承リスクや求心力の低

下など」37)のデメリットは，経営危機や倒産，崩壊を一挙に招く構造となっており，看過してはならない点である。

　タイの企業組織・企業統治における最大の課題は，「主としてファミリー企業からの脱却，つまり支配株主の排除」38)をめぐる次の形態のステップであろう。

(2) 社会的責任に対する考え方

　近年では，CSRに対する意識も高くなっており，大企業ではCSRに対する取り組みがホームページでまとめられている。基本的に当該企業のウェブサイトより閲覧が可能である。また，SETウェブサイトにおけるCompany Summaryにてアクセスできる各企業の「Annual Report」においても，それぞれの企業のCSRへの問題関心がレポートに報告されている。

(3) Good practice（事例）

　ここでは，コーポレート・ガバナンスの優良企業を提示する。企業のガバナンス運営の評価については，SECやSET，タイ銀行など政府系列からのサポートを受けているタイ経営者協会（The Institute of Directors Association：IOD）が行っている。IODでは，ASEANコーポレート・ガバナンス・スコアカードの評価方法に基づき，企業を5段階（5つのロゴ）で（5：Excellent，4：Very Good，3：Good，2：Satisfactory，1：Pass，0：No Logo Given：N/A）位置づけている。

　2014年の上場公開株式会社550社のうち，5ロゴが30社で5％，4ロゴが107社で20％，3ロゴが171社で31％，2ロゴ以下が242社で44％となっている39)。なお，Excellent CGスコアをマークした企業は，表7-6となっている。

第7章　タイのコーポレート・ガバナンス

表7-6　2014年　Companies with Excellent CG Scoring

BAFS	Bangkok Aviation Fuel Servies	PTT	PTT
BCP	The Bangchak Petroleum	PTTEP	PTT Exploration and Production
BTS	BTS Group Holdings	PTTGC	PTT Global Chemical
CPN	Cenral Pattana	SAMART	SAMART Corporation
EGCO	Electricity Generating	SAMTEL	SAMART Telecoms
GRAMMY	GMM GRAMMY	SAT	Somboon Advance Technology
HANA	HANA Microelectronics	SC	SC Asset Corporation
INTUCH	INYUCH Holdings	SCB	The Siam Commercial Bank
IRPC	IRPC	SE-ED	SE-Education
IVL	Indorama Ventures	SIM	SAMART I-Mobile
KBANK	Kasikornbank	SPALI	SUPALAI
KKP	Kiatnakin Bank	THCOM	THAICOM
KTB	Krung Thai Bank	TISCO	TISCO Financial Group
MINT	Minor International	TMB	TMB Bank
PSL	Precious Shipping	TOP	Thai Oil

出所：IOD（http://www.thai-iod.com/）参照，作成。

また，表7-7に示したとおり，タイは東アジア・東南アジアのなかで企業統治水準のよい評価を受けている恰好となっている。タイの企業は，ASEANのなかでも，コーポレート・ガバナンスのリーディングカンパニーとしてトップ5のうち2社（PTT Global Chemical Public Company Limited, SAMART Corporation Public Company Limited）が，トップ50のうち23社がランクインして表彰されている[40]。

表7-7　ACGAマーケット・カテゴリー・スコア　　　　（単位：%）

		計	CG Rules & Practice	Enforcement	Political & Regulatory	IGAAP	CG Culture
1	香港	65	61	71	69	72	51
2	シンガポール	64	63	56	64	85	54
3	日本	60	48	62	61	72	55
4	タイ	58	62	51	48	80	50
4	マレーシア	58	55	47	59	85	43
6	台湾	56	48	47	63	75	47
7	インド	54	57	46	58	57	51
8	韓国	49	46	46	45	72	34
9	中国	45	42	40	44	67	34
10	フィリピン	40	40	18	42	65	33
10	インドネシア	39	34	24	44	62	32

出所：ACGA（http://www.acga-asia.org/）より，CG Watch 2014 サマリー版マーケットランキング。

5　小括と課題

　タイにおけるコーポレート・ガバナンスの課題は,「ファミリービジネス」である。確かに,迅速な意思決定などは経営戦略の強みであるが,家族企業であるがゆえに,ひとつの問題が関連する会社に多大な影響を与えてしまうことは避けられない。タイに限らず,戦後に急速な発展を遂げてきたアジア新興諸国に共通することである。コーポレート・ガバナンスに対する健全な運営の共通理解が急がれる。ASEANでは,経済共同体としてようやく取り組まれてきており,今後が期待される。

　タイは,国営企業の改革に乗り出している[41]。2016年には,株式時価総額で国内最大のタイ石油公社（PTT）をはじめとした主要国営12社を持ち株会社（傘下）に移行する予定となっている。TPPなどグローバルな市場への参画を見据えているのである。そのためには,やはり政治とファミリービジネスが癒着・介入してきた関係性をあらため,経営の透明性を図るコーポレート・ガバナンス体制の見直しと構築が迫られているといっていいだろう。

（注）
1) World Bank（世界銀行）World Development Indicators（http://data.worldbank.org/products/wdi, Last Updated：12/19/2014）, JETRO（https://www.jetro.go.jp/world/, 2015年1月14日アクセス）, 外務省（http://www.mofa.go.jp/mofaj/area/index.html, 2015年1月14日アクセス）。
2) 三重野文晴（2015）『金融システム改革と東南アジア－長期趨勢と企業金融の実証分析』勁草書房, 146ページ。
3) 今泉慎也（2005）「タイの企業法改革と経済危機－企業統治を中心に」今泉慎也・安倍誠編『東アジアの企業統治と企業法制改革』アジア経済研究所, 294ページ。
4) 三重野文晴（2015）, 同上書, 146ページ。
5) SET（www.set.or.th/en/）を参照。
6) 『日本経済新聞』2016年1月13日。
7) 同上資料, 参照。
8) 丹野勲（2009）「タイの会社法とコーポレートガバナンス－民商法典および公開会社法を中心として」神奈川大学国際経営研究所『国際経営フォーラム』No.20, 249

~250ページ。
9) 十一崇・中野常道・クリストファー　オスボーン（2011）「新興国のコーポレート・ガバナンス　タイ」公益社団法人　日本監査役協会『月刊　監査役』No.591, 46ページ。
10) 花水康（2013）「各国のコーポレート・ガバナンス　比較編　東南アジアーインドネシア，シンガポール，タイ，フィリピン，ベトナム，マレーシアの各国におけるガバナンス体制と監査役の役割の比較」公益社団法人　日本監査役協会『月刊　監査役』No.619, 50ページ。
11) 同上資料, 同ページ。
12) 同上資料, 50～51ページ。
13) SET（www.set.or.th/en/）を参照。
14) 花水康（2013），前掲資料, 50ページ。
15) JETRO（https://www.jetro.go.jp/）を参照。
16) 末廣昭（2014）『新興アジア経済論－キャッチアップ型を超えて』岩波書店, 112ページ。
17) JETRO（https://www.jetro.go.jp/）を参照。
18) BOI（http://www.boi.go.th/）を参照。
19) 小島大徳（2005）「タイのコーポレート・ガバナンス」佐久間信夫編『アジアのコーポレート・ガバナンス』学文社, 176ページ。
20) 丹野勲（2013）「アジアにおける文化・制度・社会に基づいた独自のコーポレート・ガバナンス体制の解明」神奈川大学国際経営研究所『国際経営フォーラム』No.24, 43ページ。
21) 陳晋（2014）『アジア経営論－ダイナミックな市場環境と企業戦略』ミネルヴァ書房, 232ページ。
22) 末廣昭（2014），前掲書, 102ページ。
23) 末廣昭（2014），同上書, 103ページ。
24) 丹野勲（2009），前掲論文, 261ページ。
25) SET（www.set.or.th/en/）を参照。
26) 小島大徳（2005），前掲書, 179ページ。
27) 同上書，同ページ。
28) 『日本経済新聞』2015年12月17日，2016年２月９日。
29) 丹野勲（2013），前掲論文, 46～47ページ。
30) 今泉慎也（2005），前掲書, 286～288ページ。金京拓司「東アジアのコーポレート・ガバナンス改革－タイ，韓国，マレーシアの事例を中心に－」神戸大学『神戸大学経済学研究年報』第56巻, 62～64ページ。
31) 今泉慎也（2005），同上書, 303～304ページ。
32) 末廣昭（2014），前掲書, 116ページ。
33) 丹野勲（2013），前掲論文, 75ページ。
34) 末廣昭（2014），前掲書, 119ページ。

35) 末廣昭（2014），同上書，123ページ。
36) 末廣昭（2014），同上書，123ページ。
37) 陳晋（2014），前掲書，233ページ。
38) 小島大徳（2005），前掲書，177ページ。
39) IOD（http://www.thai-iod.com/）を参照。
40) 同上ウェブサイト，参照。
41) 『日本経済新聞』2015年12月30日。

第 8 章 マレーシアのコーポレート・ガバナンス

1 企業環境

(1) 基本情報

［人口］ 約2,971万6,965人（2013年）
［首都］ クアラルンプール
［言語］ マレー語（公用語），英語，中国語，タミール語
［民族］ マレー系，中国系，インド系
［宗教］ イスラム教，仏教，ヒンドゥー教，キリスト教等
［政体］ 立憲君主制
［議会概要］ 二院制。上院70議席のうち44名が国王任命26名は州議会指名，いずれも任期は3年。下院222議席は直接選挙で任期5年
［通貨］ リンギット
［経済規模］ GDP：約2,079.49億ドル，国民1人当たり約6,997.67ドル（2013年時点，2005年基準実績値）

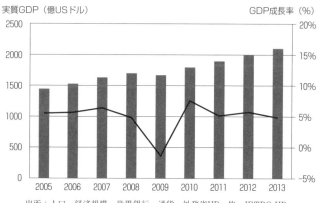

出所：人口，経済規模－世界銀行　通貨－外務省HP　他－JETRO HP

(2) 主要証券市場および上場会社の概要

　1957年に英国から独立を果たしたマラヤ連邦は，1963年にシンガポール，サバ，サラワクを加えマレーシア連邦を形成した。はじめに証券市場の設立・発展過程について概観する1)。

　独立間もない1960年にマラヤ証券取引所（Malayan Stock Exchange）が設立され，株式の売買が開始された。マレーシア連邦が誕生した翌年の1964年には，マラヤ証券取引所はマレーシア証券取引所（Stock Exchange of Malaysia）に再編された。そして1965年にシンガポールが分離独立した後，マレーシア・シンガポール証券取引所（Stock Exchange of Malaysia and Singapore）に名称が変更された。

　1973年にマレーシアリンギット（MYR2)）が変動相場制に移行（シンガポール・ドルとの等価兌換停止）すると，証券取引所もクアラルンプール証券取引所（KLSE）とシンガポール証券取引所（SGX）に分離した。KLSEは2001年に3つのデリバティブ市場を統合し，2002年には新興企業向けの市場MESDAQと合併した。またマレーシアでは2000年に主に米ドルなど外貨建ての金融取引が行われるオフショア取引市場のラブアン国際金融取引所（Labuan International Financial Exchange）が設立された3)。

　こうしたなか2004年4月，クアラルンプール証券取引所は「Bursa Malaysia」に名称を変更し，2005年3月に同証券取引所（自国市場）に上場を果たした。また，2009年9月にはシカゴ商品取引所（Chicago Mercantile Exchange）と戦略的パートナーシップを締結し，マレーシアのデリバティブ商品を世界中の投資家に提供できるようになった。

　Bloombergによれば，マレーシア証券取引所（Bursa Malaysia Securities Berhad）の2016年3月時点での上場企業数は主要市場（Main market）が811社，新興市場（ACE Market）が111社4)となり合計922社に上る。同証券取引所における上場基準は，①税引後利益が3～5期連続の黒字で且つ累計2,000万リンギット以上であること，②上場時の時価総額が5億リンギット以上であるこ

と,③100株以上の株主数が1,000人以上となることが規定されている[5]。

また表8－1に示されるようにマレーシア証券取引所の上位10社の時価総額は合計で2,979億7,500万リンギットに上り,主要市場上位30社で構成されるFTSE Bursa Malaysia KLCI時価総額の61.62％を占めている（KLCIだけで全株式市場の過半数[6]）。時価総額1位は,パブリック・バンクで574億3,800万リンギット（約139億ドル）に達しており,構成比は11.88％に上る。第2位はマレーシア最大の電力会社テナガ・ナショナルの462億5,600万リンギット（9.57％），第3位以下もマラヤン・バンクなどの銀行,アシアタ・グループなど携帯通信会社が続いている。

またマレーシアの国債市場規模も年々増加しており,2012年末時点の市場規模は5,016億リンギットに達し,2002年からの10年間で年率11.8％増のペースで市場が拡大している（償還まで5年超の比較的長い年限の債権額の伸びが大きい）。さらに近年はイスラム債（スクーク）発効が増大しており,2012年の発行額は全世界の4分の3以上に上り,世界最大である。ちなみに同国の国内イスラム債発行額は3,265億リンギットで国内全債券発行額の51.2％を占めている[7]。

表8－1　KLCI時価総額上位10企業の現況（2016年2月29日現在）

	企業名	業種	時価総額 （100万リンギット）	構成比 （％）
1	Public Bank	銀行	57,438	11.88
2	Tenaga National	電力・エネルギー	46,256	9.57
3	Malayan Banking	銀行	45,690	9.45
4	Axiata Group	携帯通信	26,616	5.50
5	CIMB Group Holdings	銀行	24,668	5.10
6	Sime Darby	持株会社	24,127	4.99
7	PETRONAS Chemicals Group	石油製品	19,440	4.02
8	Digi.com	携帯通信	18,399	3.80
9	IHH healthcare	病院経営	17,876	3.70
10	Genting	カジノ	17,466	3.61
		合計	297,975	61.62

出所：FTSE Group (2016) *Bursa Malaysia Index Series : Monthly Report*, February., p.8.

次にマレーシアの会社法（Companies Act 1965）において規定されている会社の種類について，アンダーソン・毛利・友常法律事務所の安達理弁護士と安西明毅弁護士の論考[8]に基づき整理する。

同国の会社法は英国会社法およびオーストラリア会社法をその起源としており，コーポレート・ガバナンスに関する制度設計自体は先進国と比べても大きな差異はないとされている。同国の会社法で一般的に用いられる事業体は，株式有限責任会社（a company limited by shares）（会社法第14条第2項）である。これは日本の株式会社に相当し，会社の定款によって，①株式の譲渡制限，②当該会社の株主数を50名以下に制限，③株式や社債（debenture）公募の制限，④金銭の出資（deposit money）の公募禁止，が規定されているか否かによって公開会社（public company）と非公開会社（private company）に区別される（同法第15条）[9]。ちなみに公開株式会社はマレー語でBerhad（略してBhd.），非公開会社はSendirian Berhad（略してSdn. Bhd.）とされる。

会社法に基づく制度設計自体は整備されているといわれるマレーシアであるが，同国の公開企業の特徴について市野初芳氏は以下のように述べている。「マレーシアはほかのアジア諸国同様，①所有と経営が未分離の家族経営企業（family owned companies）が高い比率を占め，②企業資金は主に銀行融資に依存するという特徴があり，欧米先進諸国とは異なる環境でコーポレート・ガバナンスの改善が行われてきた」[10]。さらに市野氏は，こうした国家では，「一般的に，支配株主が執行取締役として企業経営に大きな影響力をもつことから，取締役会の経営監視機能に問題があること，また企業資金を銀行融資に依存していることから，財務報告の透明性および外部監査の有効性を向上させることが制度上重要な課題である」[11]と指摘している。

(3) コーポレート・ガバナンスに関わる規制および規制主体

マレーシアのコーポレート・ガバナンス規制の枠組みは，法的拘束力のあるものとして，前述の会社法，2007年資本市場サービス法（Capital Market & Service Act 2007）およびマレーシア証券取引所上場規則（Bursa Securities Listing

Requirement）が存在する。そして，それらに加えて任意の規範として，コーポレートガバナンス・コード（Code on Corporate Governance）が与えられている[12]。

マレーシア政府は，1997年のアジア経済危機から回復するため，1998年に『国家経済再生計画』を公表した。市野氏は，こうしたなかマレーシアにおいて「公開企業のコーポレート・ガバナンスの改善・強化が，国家の基本計画における金融市場改革の最優先課題の1つに位置づけられたこと」[13]に着目している。

1998年3月，マレーシア財務省は中央銀行総裁等をメンバーとした「コーポレート・ガバナンスに関する高等財務委員会（High Level Committee on Corporate Governance）」を設置[14]し，2000年3月には『マレーシア・コーポレート・ガバナンス規定（コード）』を公表したのである[15]。以下，表8－2に各法律ならびにコードによるコーポレート・ガバナンス規制の枠組みと機能を記した。

以上の規制に加えて，マレーシアでは証券取引所によって上場公開会社に適用される上場規則として，とりわけコーポレートガバナンス・コードに関して「独立取締役や監査委員会の設置，内部監査機能の整備，年次報告書におけるコーポレート・ガバナンス遵守状態および内部統制報告書の開示等」[16]が定められている。

なお，2011年4月には経済成長に果たす資本市場の役割強化という目的のために，証券委員会（Securities Commission）により作成される長期の政策目標である資本市場マスタープラン2（Capital Market Masterplan 2）が公表された。同プランにおいて，コーポレート・ガバナンス強化の方向性が打ち出され，その中心的役割を取締役会に委ねつつ取締役の説明責任を重視し，他方で株主および会社の利害関係者の積極的な関与が求められている[17]。その後，コーポレートガバナンス・コードは2012年に改定され[18]，2014年には少数株主監視グループ（MSWG）および証券委員会のイニシアチブのもと機関投資家コード（Malaysian Code for Institutional Investors）が制定された[19]。

表8-2 コーポレート・ガバナンス規制の法的枠組みおよび監督機関

会社法	・公開・非公開会社問わずマレーシアの会社に適用。取締役会の機能・権限を示し，取締役の負う注意義務や信任義務の明確化（会社法第132条），利害関係取引の開示義務（同法第135条），内部統制体制の構築義務および経営判断の原則等を定める。 ・関連当事者取引および不正行為に対する株主による救済手段（少数株主に付与された権利や株主代表訴訟含む）ならびに株主総会の手続要件も定める。
資本市場サービス法	・主に公開会社および上場企業に適用される（日本の金融商品取引法に相当）。会社において不正行為があった場合の監査人の通報義務およびそれに対する報復措置への防御策を定める。 ・完全かつ偽りのない開示制度の義務化ならびに市場における不正行為およびその他の禁止行為（インサイダー取引，市場操作等）を定める。同法に基づき証券委員会が監督を行う。
コーポレートガバナンス・コード	・高等財務委員会により提案された任意の規範だが，その趣旨が上場規則に組み込まれたため，上場会社に対しては義務的に適用される。2007年に改正され，取締役の資格要件，取締役会や監査委員会の構成，独立取締役，指名委員会および監査委員会の役割が詳細に規定される。

出所：安達理，安西明毅（2011）「新興国のコーポレート・ガバナンス：マレーシア」日本監査協会『月刊 監査役』No.586，96ページより作成。

(4) 外資系企業の進出状況，規制

多民族国家マレーシアでは民族融和が宿命的課題であった。こうしたなかバンマレーシア（マレーシア国民）を作り出したのがマハティール元首相（任期1981年-2003年）であった。マハティールは，1981年にルック・イースト（東方）政策を打ち出し，1991年には，2020年までの先進国入りを目標とする「ビジョン（ワワサン）2020」という国家目標を掲げるに至った[20]。そして，その実現に向けた手段として積極的な外資導入と民営化が推進されたのである。

民営化により上場された企業は1995年末の24社から2000年末には40社に拡大し，株式時価総額との対比では，同期間に22.8％から30.3％に上昇した[21]。

実際にマレーシアは地域経済に大打撃を与えた1997年のアジア通貨・金融危機に対しても当初,「IMF型の緊縮財政・金融引締め政策により危機からの脱却を図ろうとした」[22]とされている。ワシントン・コンセンサスを根拠とする新自由主義政策がグローバルに拡大する中,マレーシアも徐々に民営化を受け入れていくこととなる。

しかし市野氏は,マレーシアがアジア通貨危機後に経済を再建させた背景について異なる見解を示している。すなわち同国は「1998年後半から積極財政・金融緩和による景気刺激策,為替レートの米ドルへの固定(1ドル=3.8リンギット。2005年7月に為替変動相場制に移行。),短期資本の国外持ち出しの禁止措置を導入」し,さらに「日本からの大規模な資金援助(総額68億米ドル)等による支援と上記政策との相乗効果」[23]によって経済を回復させたという。IMFの処方箋とは相容れない政策手段が有効に機能した一例と考えられる。

その後,順調な経済成長を遂げていたマレーシアだったが,2008年の世界金融危機を経て,その成長にも陰りが見えるようになった。かかる状況下,「サツ(ワン)マレーシア(One Malaysia)」を掲げ,2009年にナジブ・ラザク首相が誕生した。ナジブは経済危機を脱するべく,自由化政策を推進することを表明,ブミプトラ(土地の人,マレー人)優遇政策(ブミプトラ資本所有比率30%)の撤廃をも匂わせた[24]。

しかし,ブミプトラ優遇政策は国家の重要政策の一つであり,その撤廃は国家の根底を覆しかねない。多くの障壁に直面したナジブは,結局,第10次5か年計画(2010年～2015年)において同政策の堅持を宣言するほかなかった。他方でサービス部門の外国投資規制を緩和するなど,新経済モデル(NEM)の策定とブミプトラの経済・社会的地位向上支援策(2013年9月)を同時に実施しているのである。

マレーシア投資開発庁(MIDA)によれば[25],2015年の国内製造業の投資認可総額は746億9,000万リンギットで,そのうち海外直接投資(FDI)は219億4,000万リンギットであり,全体の29.3%を占めている。投資国別では,米国が41億5,000万リンギット(2014年は13億リンギット),日本が40億900万リンギッ

ト（2014年108億リンギット），香港が31億8,000万リンギット（2014年7,000万リンギット），中国が18億720万リンギット（2014年47億5,100万リンギット），シンガポールが13億9,400万リンギット（2014年78億2,100万リンギット）であった。以下，韓国，台湾，ドイツと続く（図8－1）。

図8－1　マレーシア製造業部門への投資国別FDI比率（2015年）

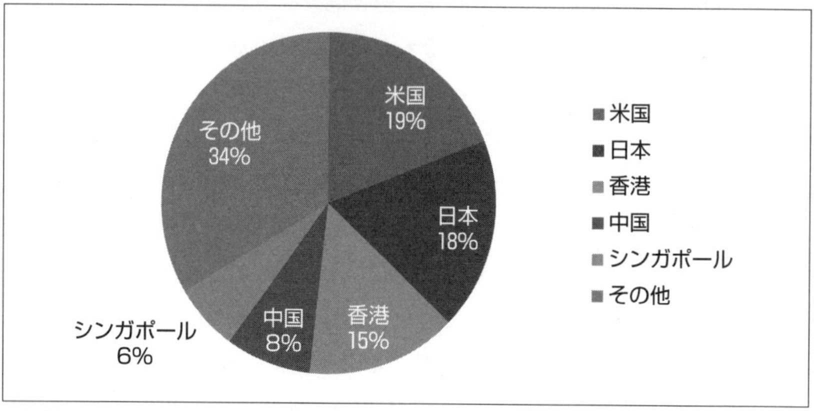

出所：マレーシア投資開発庁（MIDA）。

図8－2　マレーシア製造業業種別投資認可額比率（2015年）

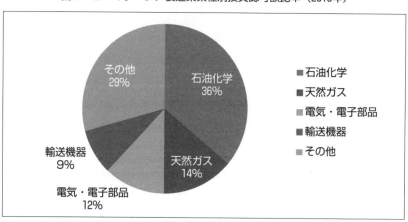

出所：マレーシア投資開発庁（MIDA）。

製造業の業種別投資認可額では，石油化学への投資が最大で269億リンギットであった。第2位は天然ガスで104億リンギットに達し，第3位が電気・電子製品の89億リンギット，第4位が輸送機器の65億リンギットとなった（図8－2）。2014年の日本の現地法人数は898社で，製造業452社（電気機器137社，化学76社），機械卸売が64社，電気機器卸売が49社となっている[26]。

JETROクアラルンプール事務所によれば，2014年の日本からの対マレーシア製造業投資（業種別）では，化学・同製品が51億2,300万リンギットで総額108億6,900万リンギットの47.1％を占めている。続いて石油製品（石油化学製品含む）が28億4,100万リンギット（同26.1％）に上った。また2014年の日本からの主な投資案件は三井物産による2000MW超の臨界石炭火力発電事業への出資参画やアサヒグループによる乳製品会社エチカの買収（3億2,920万ドル）であった[27]。

製造業部門のみならず，近年ナジブ政権下においてサービス部門への外国投資が増大傾向にある。2015年のサービス部門への投資総額は1,082億リンギットに上り，不動産部門の認可件数は911件，合計で268億9,500万リンギットに達した（2014年は885億5,800万リンギット）[28]。

マレーシアでは民間企業に対する外国資本出資比率は，製造業，流通・サービス業では一部を除いて100％外資が認められている。ここでJETRO「外資に関する規制」および西村あさひ法律事務所の報告書に基づきマレーシアの外資規制に関して概観する[29]。

外国投資に関しては全ての産業に所轄政府機関によって策定された分野ごとの規制がある。例えば，外資に対して特定の分野の会社株式持分の保有制限やブミプトラによる一定数以上の株式所有要求があげられる。投資規制の対象となる主な産業は，「金融サービス，資本市場サービス，通常の保険およびイスラム保険（Takaful）産業，石油産業，通信およびマルチメディア，卸売および販売業（ハイパーマーケットに関して），教育サービス，貨物輸送および海運，水事業，エネルギー供給，専門サービス」である。

一例として，一部の自動車組立て製造業，流通・サービス分野では，ハイ

パーマーケットの資本規制（70%），投資銀行・イスラム銀行など資本規制（70%），国内商業銀行への出資（30%）があげられる。また完全参入禁止業種としては，例えば，スーパーマーケット／ミニマーケット（販売フロア面積が3,000平方メートル未満），食料品店／一般販売店，新聞販売店，雑貨販売店，薬局（伝統的なハーブや漢方薬を取り扱う），ガソリンスタンド，布地屋，レストラン（高級店でない）が指定されている[30]。

仮に外資の株式持分保有規制を遵守しない場合，以下の制裁のうち一つまたは二つ以上が課される。①当該会社の免許の取消し（通常は所轄規制当局における聴聞の機会が与えられた後），②関連する制定法に基づく刑事責任，③刑事責任が規定されていない場合には，法令を遵守しない当該会社または関係者は，政府機関によってブラックリストに載せられる可能性がある[31]。

こうしたなか前述のようにナジブ政権下では，サービス部門におけるブミプトラ資本規制が緩和されつつある（同部門では最低30％のブミプトラ資本保有が条件とされてきた）。2009年4月には社会福祉サービス，経営コンサルタントなどサービス業27業種のブミプトラ資本規制が即時撤廃された。また，2011年10月には，民間病院，医療・歯科専門サービス，建築，エンジニアリング，会計・財務サービス，法務サービス，教育・訓練，通信サービスなど17業種についても段階的に規制緩和する旨が発表された（2014年11月，マレーシア政府はASEAN枠組み協定の一環として，ヘルスケア，観光，通信事業など含む28のサブセクターを自由化の対象とする方針を決めた）[32]。以上，マレーシアにおける資本規制について概観した。以下では，同国のコーポレート・ガバナンスに関して，内部統制システムに着目して整理する。

第8章　マレーシアのコーポレート・ガバナンス

2　内部統制システム

(1)　機関設計

　マレーシアでは，取締役の選任と解任，定款の変更を行う株主総会が存在し，経営とその監督を行う取締役会も存在する。この点に関して，会社法第131B条および標準付属定款第73条を挙げ「株主が株主総会において取締役を選任し，当該取締役が会社の経営に責任を負う一方，株主は，基本的には会社の経営に影響を及ぼさない」とし，さらに「株主は，個別であろうと株主総会を通じてであろうと，この取締役の権限を害することができない」とされている[33]。要するに株式有限責任会社において所有と経営の分離が進んでいるという見方である。

　会社法上，株式有限責任会社において設置が義務付けられている機関は，株主総会，取締役会，会計監査人（Auditor），秘書役（Secretary）である。会社の最高意思決定機関は株主総会であり，取締役の任命・辞任の承認や監査人の任命を行い，会社の管理・経営を行う取締役は会社秘書役の任命などを行う。以下，各機関について確認する。

(2)　株主総会

　株主総会は会社の最高意思決定機関であり，マレーシア会社法において，以下の3つの種類の株主総会が規定されている。①年次株主総会（AGM：Annual General Meeting），②臨時株主総会（EGM：Extraordinary General Meeting），③法定株主総会（Statutory Meeting）である。

　定足数は一般的には2人であり，標準付属定款によれば，委任状による代理出席も含まれる。こうした規定がない場合は本人出席が必要となる（会社法第147条第1項第a号）[34]。また諸江修氏が指摘するように，「一般決議事項は過半数，特別決議事項は75％以上の賛成によって成立するが，通常の決議方法は挙

手によるものであり,重要なことは,株主本人のみが決議に参加でき,所有株数に関係なく1人1票ということ」である。同氏はこの点に関してマレーシアで合弁会社事業をやる日本企業を例に,以下のようなシミュレーションを行っている[35]。

「その会社が日本側51％（本社の社長が全株式の株主），マレーシア側49％（C氏とD氏が半分ずつ所有）の出資比率で,取締役が日本側はA氏（本社の社長），B氏（駐在員），マレーシア側がC氏とD氏である会社を想定する。年次株主総会の際に,A氏は日本にいるので,B氏を代理人とした。したがって年次株主総会に出席したのは,B氏,C氏,D氏の3人である。通常の決議の場合,議決権のあるのは,C氏とD氏のみで,B氏は決議にすら参加できない。そのまま議事が進行すれば,A氏が株式を過半数以上保有していても,株主本人のみ1人1票の投票権しか認められないので,日本側の意見を通すことができない」。

表8－3　年次株主総会の開催時期と各種決議事項

開催時期,開催回数	一般決議事項
最初の総会は設立から18ヵ月以内。2回目以降は年（暦年）に1度で,かつ前回開催より15ヵ月以内に開催（会社法143条）。	① 配当金の配当と金額の決定 ② 決算報告書,取締役および監査法人報告書の検討 ③ 取締役の辞任,選任の承認 ④ 3分の1の取締役がローテーションで辞任,再任される ⑤ 会計監査法人の任命および報酬額決定（通常はその場で決められないので取締役会に一任という形になる）
	特別決議事項
	① 一般決議事項以外のすべての決議事項のこと。慣習として取締役報酬の決定を行う。常任の取締役の給与はなく,年に1度支払われる非常勤取締役の報酬のことで,通常,常任の取締役報酬はゼロという場合が多い。

出所：諸江修（2011）『マレーシア進出完全ガイド』カナリア書房,100－101ページより作成。

以上のようなケースを考慮した上で,諸江氏は,議長または3人以上の株主,あるいは10分の1以上の株式または投票権を所有している株主が要求した場合に代理人も投票による決議の要求ができ,代理人も投票権を持つ（株主の所有

株式数が投票権数になる）ことを指摘する[36]。

　臨時株主総会は，発行済株式総数の10％を保有する2名以上の株主によって招集でき，株主はこの方法で定款の変更を要求できる。また少なくとも総議決権の5％を保有する株主は定時株主総会の議案を提出することができる。マレーシア証券取引所は企業が同取引所の書面による承認なしに，定款の削除・改正・追加を禁じている[37]。定款の変更は，前述の特別決議事項である。また法人による代理人の任命方法とその概要については以下に記した通りである。

表8-4　法人の代理人任命

任命方法	概　　要
Proxy（株主代理人委任状）により任命	総会が開催される際，その出席についてのみ委任される。
法人株主の代表者 （Corporate Representative）を Certificate of Corporate Representativeにより任命	代表者は総会出席にも書面決議の署名にも対応が可能である。任命期間は，特定期間のみに限定もできるし，期間を限定せず，任命が解除されるまでとすることもできる。

出所：手島恵美（2013）『マレーシア　ビジネスガイド』JETRO，64ページ。

(3)　取締役会の構成と規定

　マレーシア会社法において取締役会は，「会社の事業を運営し，会社法および定款において株主総会決議事項とされた事項以外の全事項について権限を行使すること」[38]とされており，通常，会社の重要事項については取締役会の決議によって進められる。しかし，各会社の定款において，「取締役会がマネージング・ディレクターまたはエグゼクティブ・ディレクターを選任し，取締役会から委任を受けたマネージング・ディレクター等が会社の日々の業務執行を行うこととされていることも多い」[39]という。取締役会はこれら業務執行を監督する役割も担っている。

　取締役の選任については，外国人を取締役に選任することも可能だが，どの会社も主たる又唯一の居住地をマレーシア国内に有する取締役（外国人かマレーシア人か問わない）を最低2人は置かなければならないとされている[40]。会社

法上，取締役の選任方法は定められていないが，付属定款において株主総会で選任する旨を定めることが通例となっている[41]。

通常，取締役会会長と最高経営責任者（CEO）の職責は異なる人物が担っている。マレーシアのトップ100公開企業において取締役会会長とCEOを兼務する者は全体の5％（2014年）であった。さらに同100企業の取締役会における独立取締役の平均割合は2012年の40％から2014年には45％まで上昇，女性取締役の割合も同期間に9％から11.7％に増加している[42]。

コーポレートガバナンス・コードは議題を適正に通知した上で取締役会を定期的に開催することを推奨している（会社法上は開催頻度に関する規定は存在しない）。そして，取締役会は議題および職務の遂行状況に関してなされた協議を記録し，さらに1年間に開始された取締役会の数と各取締役の出席状況の詳細を開示しなければならない[43]。

表8−5　上場規則における取締役会に関する主な規定

(1)　取締役の3分の1は独立取締役でなければならない（15.02(1)）
(2)　上場会社の取締役は証券取引所により定められた研修プログラムを履行しなければならない（15.08(1)）
(3)　上場会社の取締役会は継続的に取締役の研修の必要性を評価し，決定しなければならない（15.09(1)）
(4)　取締役の中から種々の決算書類や会社書類を精査するための監査委員会を設置しなければならない（15.09(1)）
(5)　上場会社は外務監査人として監査法人を指名しなければならない（15.21）
(6)　上場会社は年次報告書においてコーポレートガバナンス・コードの遵守状況を報告しなければならない（15.25）

出所：安達，安西，前掲論文，101ページより作成。

(4) 会計監査人

会社法により全ての会社は，取締役会が作成した会社の貸借対照表および損益計算書等の計算書類を監査した上で監査報告書を作成し，定時株主総会にて報告する役割を担っている（あくまで会計監査であり業務監査は行わない）。会計

監査人は株主総会で選任（解任）され，任期は次に開催される株主総会までと定められている[44]。ちなみに第1回の年次株主総会前は取締役会が任命する。マレーシアでは会社規模の大小に関わらず，また休眠会社であっても，会計監査人を任命し，監査を受ける必要がある[45]。

(5) 会社秘書役

会社法により全ての会社は，マレーシア居住の有資格者である会社秘書役を少なくとも1名任命することが義務付けられている。任命は取締役会の決議によって行われる。同役職の者は，会社が会社法および定款に則って，株主総会・取締役会における決議，手続きなどを行うことをアドバイスし，議事録・決議書を作成する。また取締役変更，年次報告書の法定届出等の事務的な作業を行う[46]。

(6) 従業員

マレーシアには3種類の労働組合（企業内，産業別，連合会）が存在する。労働組合の結成・加入は，マレーシア国憲法第10条および1967年労使関係法第5条ならびに1955年雇用法第8条aによって定められた権利である。労働組合は雇用者に認知要求通知（フォームA－労使関係規則）を送達し，認知要求プロセスを踏む必要がある。雇用者はフォームAの受領日から21日以内に以下のうちいずれかの対応を取らなければならない。①組合の認知，②認知を拒絶し，その根拠を労働組合に通知，③労使関係局長に調査実施を依頼[47]。

3　外部ガバナンス

(1) 株　主

マレーシアでは，前述のように政府および関係機関が規制（規範）を設け，コーポレート・ガバナンスの改善に向けた取り組みを行ってきた。以下では，

外部ガバナンスの主要プレイヤーとして株主と少数株主に焦点をあてる。

マレーシアでは，株式取引高が2007年に前年比78.2％となったが，株式取引高に占める外国人投資家の割合は36.6％，であり，投資家の構成は機関投資家が約70％，個人投資家が30％の比率である[48]。支配株主（同族，政府，大口株主）の存在する公開企業の割合は26％（2008年）であった。株主本人もしくは代理人による議決権行使に対して（その他の）一般的な制限は存在しない。他方，株主は報酬委員会報告，報酬討議および分析セクション（CD&A）あるいはそれに類するものに対する株主の（拘束または非拘束の）承認を通じて，企業の報酬制度に影響を及ぼすことはできない。集団訴訟および株主代表訴訟もほとんど行われていない。訴訟費用や煩雑な手続きが障害となり，会社法が絡む訴訟のほとんどは法定外で解決されている[49]。

(2) 少数株主

西村あさひ法律事務所は前述の報告書のなかで「少数株主の保護」に関して以下のようにまとめている[50]。「一般的には合弁契約の中で，事前に少数株主の同意を必要とする事項（Reserved Matters）のリストを規定する。少数株主である外国投資家は，取締役または株主のいかなる決定についても，当該外国投資家が指定する者または当該外国投資家自身の賛成が必要であると付属定款に規定することによって，会社の経営陣または方針を有効に支配することができる」。

さらに会社法第181条によれば，「いかなる株主も会社運営が当該株主の利益に対し，抑圧的であるか，またはこれを無視して行われていることについて裁判所に申立ができる。そして裁判所はこれらの行為を発見した場合，それを是正する広範な権限を有している」とされる。

また株主は前述の少数株主監視グループを指名して株主総会に代理出席させることが可能である。とはいえ多くの政府関係会社のように特別議決権のある種類株式を採用しているところもある（会社法は1株1票制を規定しているが）。事前に定められた一定事項については，特殊株式保有者の同意を要したり，取

締役候補の任命に関して特殊な議決権を与えたりするものもある[51]。

(3) 情報開示

マレーシアでは民営化による株式市場を通じた資金調達が拡大してきたことを契機として，外部株主への情報公開等，経営の効率化が求められるようになった。こうしたなか政府は1997年にマレーシア会計基準審査会（MASB：Malaysian Accounting Standards Board）を設立し，国際財務報告基準（IFRS）に準拠した制度改革に取り組み，「企業が会計基準を遵守するための法改正とその法律を所管する規制機関の役割を整理・統合し，財務報告に関する規制と監督を強化する措置を講じた」[52]のである。とりわけアジア通貨危機以降，会計基準の設定が進められ，それに伴い企業の情報開示制度も整備されていった。しかし，会計基準の準拠程度や外部監査人が監督基準に従っているかなどに疑問も呈されており，さらに経営者も企業の存続能力の不確実性を開示しないケースも散見されるという。

同国では，ASEAN域内資本市場統合化に向けて，2010年以降，証券委員会（SC），会社登記委員会（CCM），MASBを中心に「企業の財務報告分野におけるXBRLの導入・実用化」を目指した取り組みが続いている。これにより企業の情報開示や情報利用可能性が高まることが期待されている[53]。

(4) 株主行動主義，エンゲージメント

マレーシアにおいて株主行動主義は発展途上にあるものの政府や市民による取り組みも活発化してきており，ほかの新興国と比較すると強い株主権が生まれつつある。しかし重要な問題も指摘されている。それは同国ですべての取締役に対し3年の期差任期制を採用していることに起因するものである。期差任期制により取締役が固定される可能性もある一方，株主は臨時株主総会において理由なく取締役を解任できるのである。そして，新任の取締役は通常，年次株主総会の普通決議で選任されるが，同総会の出席率は低く，ほとんどが個人投資家によって占められている[54]。

市野氏はマレーシアのコーポレート・ガバナンス改善に向けた取り組みのポイントを以下の2点に整理する。それは，①独立取締役および監査委員会の役割の重視ならびに取締役会の機能と構成の変革，②外部監査を含む企業外部からのガバナンスが有効に機能するための制度基盤の整備[55]，である。

(5) M & A

マレーシア証券委員会の管轄下，法律によって規範が定められている。証券委員会は，買収提案や合併あるいは強制的な買収に関してすべての株主（特に少数株主）について公正かつ平等な取り扱いを確保するよう求められている。同国企業は通常，買収防衛策を定めていない。確かにマレーシアではポイズンピルも利用されておらず，規範において敵対的買収を禁止していない。しかし，議決権の33％を取得した買収者は残りの株式に対しても買取り提案をする義務があり，この義務の適用免除の可否は証券委員会の専管事項となっている。マレーシアで敵対的買収が行われることは稀である[56]。

4 社会における企業

(1) 企業の腐敗状況

世界の汚職・腐敗撲滅に取り組む国際NGOのTransparency Internationalによれば，2015年のマレーシア腐敗認識指数は，168か国中54位（スコア50／100）であり，汚職規制率は61％だった。またマレーシア企業が海外のビジネスにおいて贈賄を行う可能性を表すBribe Payer indexは28か国中15位であった[57]。

マレーシアでは腐敗（汚職）防止規定に関しては刑法の規定に加え，2009年に，マレーシア腐敗防止委員会法（Malaysian Anti-Corruption Commission Act 2009）が成立した。この法律は公務員（外国人含む）に対する賄賂だけでなく，贈賄者と収賄者の双方が民間人の場合について（商業賄賂）も規制対象として

いる。同法が適用された際には，違反者の氏名や事案の概要等が同委員会のウェブサイトに掲載されることがある[58]。また，20年以下の禁固刑ならびに罰金刑が科せられる。

2015年8月29日，「クアラルンプール中心部の一部の道路は『清潔』を意味する「Bersih」と書かれた黄色のTシャツを着た人々で埋め尽くされた。参加者は汚職撲滅やナジブ首相の退陣を求める掛け声を上げながら独立広場へと行進した。主催者側が発表した参加者数は10万人」[59]であった。ナジブ首相は汚職撲滅を政策目標に掲げてきた。しかし，そのナジブ首相が政府系ファンドである「1MDB」から7億ドルにおよぶ巨額の資金を受け取ったとされる疑惑が発覚したのである。「同国法務長官は（2016年1月）26日に資金受領の違法性を否定し，捜査終了を宣言。ナジブ氏は『潔白が証明された』と歓迎し，批判封じに躍起だ。（中略）法務長官は『資金はサウジアラビア王家が送った個人献金』とし，1MDBが絡む汚職との見方を否定した。ただ違法性を否定した根拠は示していない」[60]という。この間，ナジブ首相は自身を批判した副首相はじめ政敵を更迭するなどの措置を講じている。

しかし，原油価格の低下（輸出収益の減少），通貨安，米国利上げによる短期資本の流出，中国の経済成長減速，外貨準備高の激減，財政赤字（GDP比57%，2014年）などマレーシア経済の状況悪化が顕在化しており，とりわけ華人コミュニティを中心にナジブ首相はじめ与党統一マレー国民組織（UMNO）に対する批判が高まっている。同スキャンダルの今後の展開は分からない。このまま幕引きとなる可能性もある。ただし，「One Malaysia」を標榜する首相と国営投資社の「癒着」疑惑はマレーシアの腐敗撲滅の問題にとどまらない。同国の経済成長ビジョンにおける企業統治の真価が問われているといえるだろう。

(2) 社会的責任に対する考え方

2006年よりマレーシア証券委員会はISO委員会（ISO Mirror Committee）のメンバーに名を連ね，組織の社会的責任の国際規格であるISO 26000の順守を掲げている[61]。同規格では組織が尊重すべき社会的責任として，「説明責任」「透

明性」「倫理的な行動」「ステークホルダーの利害の尊重」「法の支配の尊重」「国際行動規範の尊重」「人権の尊重」の7つがあげられている[62]。またマレーシア証券取引所も同年には企業の社会的責任（CSR）に関する枠組みを設定し，持続可能な開発のため公開企業に対し，年次報告書にCSR活動の開示を義務付けている[63]。

(3) Good practice（事例）

2015年11月14日，フィリピンのマニラ（アジア開発銀行本部）においてASEAN資本市場フォーラム（ACMF：ASEAN Capital Market Forum）が開催され，ASEANコーポレート・ガバナンス・スコアカードに基づき（ACGS：ASEAN Corporate Governance Scorecard），トップ50企業が発表された（ACGCA：ASEAN Corporate Governance Conference and Awards）。マレーシア企業からは全体の1位に輝いたBursa Malaysia BerhadをはじめCIMB Group Holding Berhad, IJM Corporation Berhad, Malayan Banking Berhad, RHB Capital Berhad., Telekom Malaysia Berhadの合計6社が選出された[64]。

Bursa Malaysiaのダト・タジュディン・アタンCEOは受賞後のスピーチにおいて，これまでの取組みを振り返り，肯定的に評価した上で，今後もマレーシアにおいて持続可能で倫理的なビジネス慣行を発展させること，透明性の高い資本市場を提供することを誓った[65]。

少数株主監視グループ（MSWG）の『ASEAN－マレーシア・コーポレート・ガバナンス報告書2014』によれば，マレーシアのトップ100企業のコーポレート・ガバナンス評価平均値は2009年の64.4ポイントから2014年には76.82ポイントまで着実に上昇している[66]。

第8章　マレーシアのコーポレート・ガバナンス

表8-6　ASEANにおけるコーポレート・ガバナンス評価トップ5企業

No. 1	マレーシア	Bursa Malaysia Berhad
No. 2	シンガポール	DBS Group Holdings Ltd.
No. 3	タイ	PTT Global Chemical Public Company Limited
No. 4	タイ	SAMART Corporation Public Company Limited
No. 5	シンガポール	Singapore Telecommunications Limited

出所：Institute of Corporate Directors, Philippine, ACMF.

(4) 国内外の問題意識

　少数株主監視グループに代表されるようにマレーシアでは政府機関が民間企業および市民と協力してコーポレート・ガバナンスのベスト・プラクティスに向けた努力を続けている。前述のように同国のトップ100企業では，近年コーポレート・ガバナンスに対する問題意識の高まりが見て取れる。例えば，倫理規定を設けている企業の割合は2012年の42％から2014年には68％まで増え，およそ97％の企業が「企業責任に関する方針」を有している。他方で，年次株主総会の議事録を公開した企業は26％，会社定款（M&A）を公表している企業は22％，各役員報酬を公開している企業は35％，配当方針を公表している企業も35％に過ぎない[67]。こうしたなか，ASEAN資本市場フォーラムに見られるように経済統合に向けた制度基盤を整える試みが続いている。

5　小括と課題

　以上見てきたように，マレーシアのコーポレート・ガバナンス規制に関しては，会社法，2007年資本市場サービス法およびマレーシア証券取引所上場規則など法的枠組みのもと，任意の規範としてコーポレートガバナンス・コードが設定されている。政府は1997年のアジア経済危機からいち早く脱却するため，1998年に『国家経済再生計画』を公表し，高等財務委員会，証券委員会を中心に公開企業のコーポレート・ガバナンスの改善・強化を推進してきた。こうしたなか2009年以降，ナジブ首相はブミプトラ優遇政策を徐々に改革する姿勢を

示し，サービス部門の外国投資規制緩和することで積極的に外資を誘致してきた。

マレーシア企業の内部ガバナンスとしては，欧米流のガバナンス・システムを定着させる努力を続けており，株主総会，取締役，会計監査人の役割および少数株主の保護に関しても詳細に規定されている。さらに同国では1997年にマレーシア会計基準審査会を設立し，国際財務報告基準に準拠した制度改革に取り組んできた。それに伴い企業の情報開示制度も整備されていったといえるが，その実効性に関しては疑問も呈されており，XBRLの実用化など今後の改善が期待されている。

コーポレート・ガバナンスの制度改革・整備が進み，少数株主監視グループ報告書やASEAN資本市場フォーラムで示されたように，実際にマレーシアのトップ企業の評価は上昇基調にある。しかし，その一方でマレーシアの腐敗認識指数（2015年）は，168か国中54位であり，汚職規制率は61％にとどまっていることを忘れてはならない。そして，経済情勢の悪化が危惧されるなか首相自らの汚職疑惑が浮上し，国民の間で不満が高まっているのである。マレーシアはその透明性と公正性に基づくコーポレート・ガバナンスの制度的枠組みを有しているが，今後はそれを健全な企業経営に生かすべく，実務面での運用が持続的に拡大されていくかどうかが注目される。

（注）
1) 市野初芳，望月恒男，名児耶富美子（2014）「タイ，マレーシアおよびシンガポールの資本市場における企業情報開示に関する調査研究」愛知大学経営総合科学研究所『経営総合科学』第102号，66ページ，およびJBIC（2014）『マレーシアの投資環境』126ページを参照。
2) 1.00 MYR＝0.243114 USD（2016年3月10現在）。
3) 1990年にマレーシア連邦政府によりラブアン事業活動法（Labuan Business Activity Tax Act 1990）およびラブアン会社法（Labuan Companies Act 1990）が制定されて以来，この小さな島は租税回避地としても機能してきた。1996年にはラブアン信託法（Labuan Trusts Act 1996）が成立し，さらにラブアン金融サービス監督庁（Labuan FSA：Labuan Financial Services Authority）が設置され，ラブアン国際金融ビジネスセンター（Labuan IBFC：Labuan International Business and

第8章　マレーシアのコーポレート・ガバナンス

Financial Centre）の規制監督者としての地位を固めている。2008年の世界金融危機を経て，2010年にはラブアン金融サービス・セキュリティ法（Labuan Financial Services and Securities Act 2010），ラブアン・イスラム金融サービス・セキュリティ法（Labuan Islamic Financial Services and Securities Act 2010），ラブアン・ファンデーション法（Labuan Foundations Act 2010），ラブアン有限責任組合・会社法（Labuan Limited Partnerships and Limited Liability Partnerships Act 2010）が制定された。とりわけラブアン・イスラム金融サービス・セキュリティ法は世界で初めてシャリーア（イスラム法）に準拠したビジネスおよび金融取引を統括する包括的な内容を含む法律である。Labuan IBFC, HP参照（2016年3月8日閲覧）。

4）Bloomberg HP, Bursa:MK（マレーシア証券取引所）参照（2016年3月5日閲覧）。
5）JBIC，前掲報告書，138ページ。
6）FTSE Group（2016）*Bursa Malaysia Index Series:Monthly Report*, February., p.8.
7）JBIC，前掲報告書，128，131ページ。
8）安達理，安西明毅（2011）「新興国のコーポレート・ガバナンス：マレーシア」日本監査協会『月刊　監査役』No.586，97ページ。
9）通常の非公開会社よりも閉鎖性が強いものを免除非公開会社として特別に位置づける規定がある（会社法第4条第1項）。その条件は，①直接・間接問わず，その株式の実質的権利をいかなる会社にも保有されていないこと，②株主数が20名以下であること，である。免除非公開会社における利点は，自己の取締役に対するローンの提供等が可能となること，さらに会社登記所登録官（Registrar of Companies）に対して貸借対照表および損益計算書を提出する義務が免除されること，である。同上論文，97-98ページ。
10）市野初芳（2007）「外部監査とコーポレート・ガバナンスをめぐる国際的動向：マレーシア」八田進二編『外部監査とコーポレート・ガバナンス』同文舘出版，131ページ。
11）同上論文，132ページ。
12）安達，安西，前掲論文，96ページ。
13）市野初芳（2006）「マレーシアにおけるコーポレート・ガバナンスに関する問題点」愛知学院大学経営研究所『地域分析』第44巻第2号，60ページ。
14）高等財務委員会には以下の組織・団体が参加している。「財務省（Ministry of Finance），証券委員会（Security Commission），マレーシア会社登記所（the Companies Commission of Malaysia），マレーシア中央銀行（Bank Negara Malaysia），財務報告財団（the Financial Reporting Foundation），マレーシア会計基準審議会（the Malaysian Accounting Standards Board），マレーシア銀行協会（the Association of Banks Malaysia），マレーシア商業銀行協会（the Association of Merchant Banks Malaysia）およびクアラルンプール証券取引所（The Kuala Lumpur Stock Exchange，後のマレーシア証券取引所等）」である。安達，安西，前掲論文，102ページ。

15) 市野（2007）前掲論文, 132-133ページ。括弧内は筆者による。High Levelの訳は論者により「高等」もしくは「上級」と分かれ, Codeも「規定」または「コード」とされるが, 以下, 本章では「高等」,「コード」に統一。
16) 安達, 安西, 前掲論文, 96ページ。
17) 同上論文, 95-96ページ。
18) Malaysian Institute of Accountants, HP (http://www.mia.org.my/new/downloads/circularsandresources/circulars/2012/21/MCCG_2012.pdf 2016年2月18日閲覧).
19) MSWG (2014), *Malaysian Code for Institutional Investors* (http://www.sc.com.my/wp-content/uploads/eng/html/cg/mcii_140627.pdf).
20) 三木敏夫（2015）『マレーシア新時代－高所得国入り－』創成社, 14ページ。
21) 市野, 望月, 名児耶, 前掲論文, 67ページ。
22) 同上論文, 67ページ。
23) 同上論文, 67ページ。
24) 三木, 前掲書, 13ページ。
25) Malaysian Investment Development Authority (MIDA), *Investment Performance Report 2015*, p.118, 121, 125.
26) 東洋経済新報社（2015）『海外進出企業総覧国別編2015年版』1697ページ。
27) JETROクアラルンプール事務所（2015）『マレーシアの政治経済概況』17ページ。
28) MIDA, *op.cit.*, p.127.
29) 汐崎浩正, 秋元芳央ほか（2011）「Doing Business Inマレーシア」西村あさひ法律事務所, 13-22ページ。
30) JETROクアラルンプール事務所, 前掲報告書, 22ページ。
31) 汐崎, 秋元ほか, 前掲報告書, 12-13ページ。外資系マレーシア企業がマレーシア国内市場において資本・負債を調達する際の規制に関しては以下の通りである。2007年資本市場サービス法, 会社法, 上場基準, 証券委員会が定める指針およびガイドライン, そして該当する場合には外国為替管理要件の関連規制を遵守する限り, 規制は存在しない。
32) JETROクアラルンプール事務所, 前掲報告書, 22ページ。
33) 安達, 安西, 前掲論文, 98ページ。
34) 同上論文, 98ページ。
35) 諸江修（2011）『マレーシア進出完全ガイド』カナリア書房, 102ページ。
36) 同上書, 102-103ページ。
37) CFA協会（2009）『世界における株主権の現状－投資家のための手引き』74ページ。同書のマレーシアに関する記述（数値）は同国企業約27社についてGMIが入手した2008年5月15日現在のデータから算出されたものである。
38) 花水康（2013）「インドネシア, シンガポール, タイ, フィリピン, ベトナム, マレーシアの各国におけるガバナンス体制と監査役の役割の比較」日本監査協会『月刊　監査役』No.619, 54ページ。

39) しかし花水氏は，マレーシアのマネージング・ディレクター等は，あくまで定款で定められた任意機関であり，日本の代表取締役に近い役割を実務上担うこともあるが，その権限は取締役会から委任された範囲に限定される点を指摘している。同上論文，54ページ。
40) 汐崎，秋元ほか，前掲報告書，13ページ。
41) 花水，前掲論文，54ページ。
42) MSWG（2015），*Malaysia-ASEAN Corporate Governance Report 2014*，P.95.
43) 汐崎，秋元ほか，前掲報告書，13ページ。
44) 花水，前掲論文，54ページ。
45) 手島，前掲書，65ページ。
46) 同上書，65ページ。
47) 同上書，179ページ。
48) 市野，望月，名児耶，前掲論文，70ページ。
49) CFA協会，前掲書，71－73ページ。
50) 汐崎，秋元ほか，前掲報告書，11－12ページ。
51) CFA協会，前掲書，72ページ。
52) 市野，望月，名児耶，前掲論文，73ページ。
53) 同上論文，77－78ページ。
54) CFA協会，前掲書，73ページ。
55) 市野（2007）前掲論文，132ページ。
56) CFA協会，前掲書，73ページ。
57) Transparency International, Corruption by Country/Territory 2015, Malaysia.
58) JBIC，前掲報告書，55ページ。
59) 『日本経済新聞』2015年8月30日朝刊，5ページ。
60) 『日本経済新聞』2016年1月29日朝刊，7ページ。括弧内は筆者。
61) Security Commission Malaysia, HP（http://www.sc.com.my/corporate-responsibility/ 2016年4月15日閲覧）。
62) ISO, HP（http://www.iso.org/iso/home/standards/iso 26000.htm 2016年4月15日閲覧）。また組織にはその取組みとして以下の7つの中核主題が与えられている。「組織統治」「人権」「労働慣行」「環境」「公正な事業慣行」「消費者課題」「コミュニティへの参画およびコミュニティの発展」。
63) Security Commission Malaysia, op.cit.
64) Institute of Corporate Directors, Philippine, HP（http://www.icdcenter.org/images/ACGCA_PR3_Full_List.pdf，2016年5月30日閲覧），ACMF, HP(http://www.theacmf.org/ACMF/index.php，2016年3月10日閲覧）。
65) Mondo Visione, "Bursa Malaysia Recognised At Regional 2015 Asean Corporate Governance Conference&Awards", 2015.11.27（http://www.mondovisione.com/media-and-resources/news/bursa-malaysia-recognised-at-regional-2015-asean-corporate-governance-conference/ 2016年5月1日閲覧）。

66) MSWG, *op.cit.*, P. 6.
67) *Ibid.*, P. 97.

第9章 ベトナムのコーポレート・ガバナンス

1 企業環境

(1) 基本情報

[人口] 9,073万人（2014年）
[首都] ハノイ
[言語] ベトナム語，ほかに少数民族語
[民族] キン族（越人）約86％，ほかに53の少数民族
[宗教] 仏教（約80％），そのほかにカトリック，カオダイ教，ホアハオ教など
[政体] 社会主義共和国
[議会概要] 議員数 500名（2011年5月22日総選挙実施）任期5年
[通貨] ドン
[経済規模] GDP：約977億ドル，国民1人当たり約1,078ドル（2014年時点，2005年基準実績値）

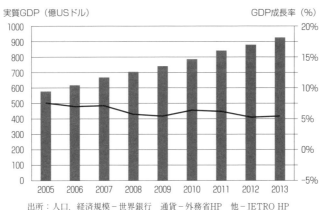

出所：人口，経済規模－世界銀行 通貨－外務省HP 他－JETRO HP

(2) 主要証券市場および上場会社の概要

ベトナムの代表的な証券市場は，ホーチミン証券取引所（Ho Chi Minh City Securities Trading Center：HOSE）とハノイ証券取引所（Hanoi Securities Trading Center：HASE）である。前者は2000年に，後者は2005年に設立された。どちらも財務省の下部組織である国家証券委員会（State Securities Commission：SSC）が所管する。

図9－1は両取引所の取引銘柄時価総額の推移および上場企業数の推移である。直近5年ではそれ以前より成長速度においてやや劣るとはいえ，基本的には順調に成長を続けているようすが読み取れる。具体的な数値としては，ホーチミン証券取引所の上場企業数が2010年の275社から2015年には303社へ増加しており，時価総額は約591億ドンから約1,146億ドンと2倍近くまで膨らんでいる。ハノイ証券取引所についても上場企業数が2010年367社から2015年には375社，時価総額では約131兆ドンから約151兆ドンまで増加した。個別の特徴を比較すると，ハノイ証券取引所は上場企業数の増加に比べ時価総額の増加がやや鈍い。これはホーチミン証券取引所がいわゆる大企業を対象とする市場であるのに対し，ハノイ証券取引所が比較的小規模な企業を主とする市場であることによる差異である。企業規模に関わる上場規定も，ホーチミン証券取引所が1,200億ドン以上であるのに対し，ハノイ証券取引所は300億ドン以上である。表9－1はホーチミン証券取引所上場企業を業種別に表したものである。

第9章　ベトナムのコーポレート・ガバナンス

図9－1　ベトナム主要証券取引所の概況

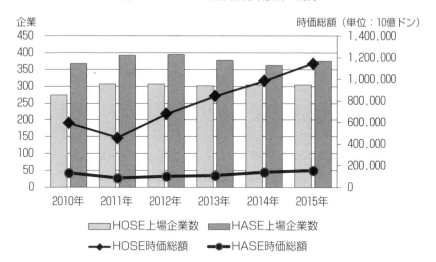

（注）　時価総額は当該年の最終取引日を基準とする。
出所：HOSE（https://www.hsx.vn/），HOSE（http://hnx.vn/web/guest），および両証券取引所アニュアルレポートをもとに作成。

表9－1　ホーチミン証券取引所上場企業の業態

産業分類	上場企業数	（％）	時価総額(10億ドン)	（％）
一般消費財・サービス	33	10.8%	43,705	3.8%
資本財・サービス	87	28.5%	98,441	8.6%
金融	52	17.0%	493,848	43.2%
生活必需品	37	12.1%	256,863	22.5%
公共事業	18	5.9%	123,238	10.8%
ヘルスケア	9	3.0%	15,532	1.4%
エネルギー	9	3.0%	14,838	1.3%
情報技術	7	2.3%	22,716	2.0%
素材	53	17.4%	73,714	6.4%

出所：HOSE（https://www.hsx.vn/）より作成，2016年3月公表値。

ベトナム政府は2007年のWTO加盟を契機として資本市場の発展を志しており，同年には「ベトナム資本市場の2010年までの発展計画および2020年までの目　標（The Project for Development of Vietnam's Capital Market up to 2010 and Outlook to 2020）」を公表し，証券市場を周辺地域に比べ遜色ないレベルまで高めること，また国有企業の株式会社化を進めること，機関投資家の参入を勧めることなどを目標として定めた。また2012年には「2011～2020年のベトナム証券取引市場の開発戦略を承認する政府首相の決定252／QĐ-TTg 号」[1]を公表し具体的な証券市場の発展経路を示した。このような政府の積極的な姿勢を背景に，ベトナム証券市場の発展は今後も進むものと考えられる。

　なお，ベトナムにおいては証券市場の成立に先駆けて国有企業の株式会社化が進められた経緯から，相対取引を行う市場および非公式な民間取引や個人取引が多く行われている。ハノイ証券取引所に含まれているUPCoM市場（Unlisted Public Companies Market）は非上場企業株式の相対取引を行う市場である。このほか，金融機関による店頭市場が存在する。

(3) コーポレート・ガバナンスに関わる規制および規制主体

　社会主義国であるベトナムでは，政府による規制が主となる。コーポレート・ガバナンスに関わる主要な規制は，日本の企業法にあたる統一企業法（Enterprise Law）[2]および証券法（Securities Law）である。前者は2014年に改正され，2015年より施行された。

　統一企業法は全企業に対して適応される。第14条では企業の法定代表者の責任を定めており，いわゆる善管注意義務および忠実義務が明記され，これらの違反によって企業に損害を与えた場合は個人責任を負う[3]。企業形態それぞれに対しての機関設計および規定も同法上で定められている。ベトナム企業の形態は表9－2に示した[4]。特徴的なのは有限会社が2種に分けられている点である。どちらも非公開企業であることを前提としているが，出資者が複数であれば2人以上有限責任会社に，単独であれば1人有限責任会社に分類される。企業の形態は設立後に変更つまり有限責任会社から株式会社へ，または株式会

社から有限責任会社へ変更することも可能である。なお，本章では主に株式会社および有限責任会社のガバナンスに着目していく。

証券法は全ての公開会社に対して適応される。ここでいう公開会社は上場企業ではなく，100人以上の株主を持ちかつ100億ドン以上の資本金を有しているなどの条件を満たす企業を指す。公開会社には規定の書式を用いた企業情報の開示が義務付けられている。

表9－2　企業形態の種別

企業形態	内　容	公開／非公開
2人以上有限責任会社	組織あるいは個人の社員50人以内で構成，社員は出資額に応じた責任を負う。株式の発行は不可。	非公開
1人有限責任会社	単独の組織あるいは個人が社員となり，出資額に応じた責任を負う。株式の発行は不可。	非公開
株式会社	3人以上の組織あるいは個人が株主として出資，各種株式の発行が可能。	公開または非公開
合名会社	2人以上の個人が合名社員として全責任を負う。証券の発行は不可。	非公開
私的企業	単独の個人が営み，全責任を負う。株式の発行および購入は不可。	非公開

出所：統一企業法，各種資料より作成。

(4)　外資系企業の進出状況，規制

2014年版ベトナム統計年報によれば，2013年時点のベトナムにおける外資系企業の割合は全体の2.74％である。このうち完全な外国資本による設立は全体の2.31％で現地資本とのジョイントよりもはるかに多い。資本市場の活性化のために外資への規制を比較的緩やかなものとしていることから，このような割合となっている。また，統一企業法とともに改正された投資法によって，上場企業に対する株式保有上限がそれまでの49％から100％へ変更され，事実上の制限が撤廃されたことからさらなる進出が行われるものと考えられる。

とはいえ、一部業種に対しては外資に対する規制が未だ残っている[5]。銀行や保険業、不動産業などの金融関連業種や建設業、運送業、郵便業、セメント業などのインフラ事業がそれである。具体的な規制対象としては、外資とベトナム資本の保有比率の設定や規定のライセンスの要求などがある。

また、ベトナム国内にて企業を設立する場合は、最も手続きが容易な2人以上有限会社の形式をとることが多いが、統一企業法により1人以上の法定代表者が国内に居住することが定められているため、注意が必要である。法人の設立は新規設立および現地法人の買収、または各種契約による統合などが挙げられる。

2　内部統制システム

(1)　機関設計

2人以上有限会社の場合は、社員総会、会長、社長を機関とし、社員総会を最高意思決定機関とする。監査役会は社員が11名以上である場合は義務付けられるが、そうでない場合は任意である。なお、このとき「会長」は取締役、「社長」は執行役として区別される。1人有限会社もこれと同様の形式がとられている。この場合、機関は会長と社長のみであり最高意思決定機関は会長であるが、評議会が設けられることもある。監査役会は1～3人を定員として設置が義務付けられている。

株式会社は、機関設計を2種から選択することができる[6]。1つ目は株主総会、取締役会、監査役会、会長または社長を機関とするもので、株主が11人未満でありかつ株式総数の半数以上を保有する組織が存在しない場合は監査役会の設置は任意とされる。2つ目は機関を株主総会、取締役会、会長または社長とするもので、取締役の20％は独立取締役ではなくてはならず、取締役会直属の監査委員会を設置せねばならない。日本でいえば、前者が監査役設置会社、後者が監査委員会等設置会社に近いかたちであるといえよう。どちらについて

も，株主総会は半数以上の出席で成立する。取締役会は3～11人で構成され任期は5年とされているが再任は可能である。成立条件は定員の4分の3以上，出席者の半数以上の賛成で議案が可決される。組織以外の株主が11名以上あるいは50％以上の株式を所有する団体がいる場合に義務付けられ，定員は3～5名，任期は3年とされる。監査役会は過半数がベトナムに常駐する必要がある。以上は図9－2および図9－3にまとめた。

図9－2　有限責任会社の機関設計

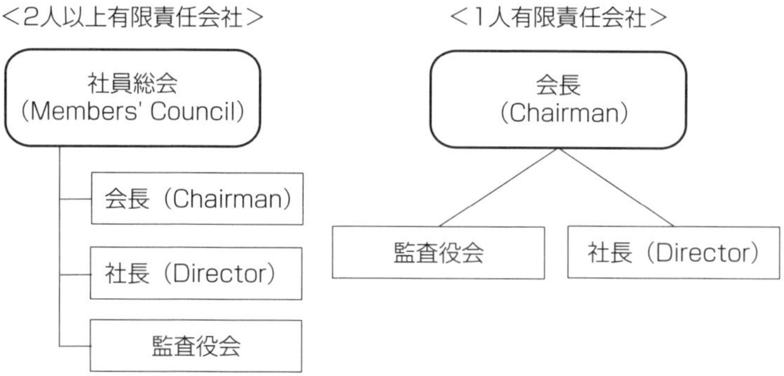

<2人以上有限責任会社>
- 社員総会（Members' Council）
  - 会長（Chairman）
  - 社長（Director）
  - 監査役会

<1人有限責任会社>
- 会長（Chairman）
  - 監査役会
  - 社長（Director）

出所：各種資料を基に作成。

図9－3　株式会社の機関設計

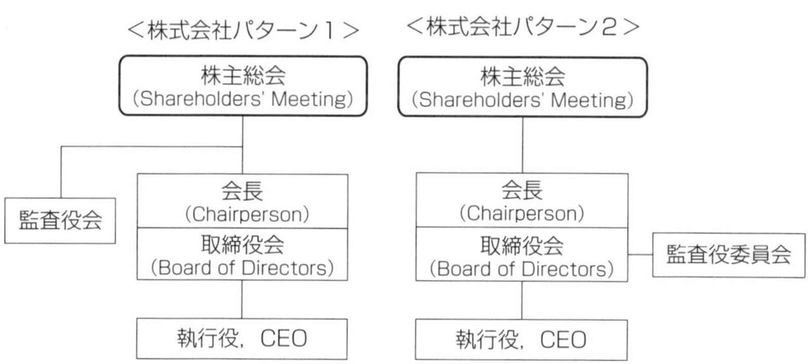

<株式会社パターン1>
- 株主総会（Shareholders' Meeting）
  - 監査役会
  - 会長（Chairperson）／取締役会（Board of Directors）
    - 執行役，CEO

<株式会社パターン2>
- 株主総会（Shareholders' Meeting）
  - 会長（Chairperson）／取締役会（Board of Directors）
    - 監査役委員会
    - 執行役，CEO

出所：各種資料を基に作成。

(2) 株主総会

2人以上有限責任会社における社員総会は，全社員からなる最高意思決定機関である。少なくとも年1回開かれ，企業の戦略および年次計画，ファイナンス，社員総会会長の任免，その他役員の任免，財務諸表の承認，破産の承認などを行う。社員総会の会長は社員から選ばれるが，会長または社長と兼務することができる。社員総会の会長は社員総会を招集することができ，各種承認および監視を行う。

株式企業における株主総会は最高意思決定機関であり，役員の任免やファイナンス，定款修正，財務報告の採択などを行う。年次総会のほか臨時総会がある。臨時総会は取締役会が必要を認めたとき，あるいは役員構成人数に不足が生じた場合などに開催される。開催は総議決権の過半数以上の出席を条件とし，総議決権の65％以上の賛成で議案が可決される。

(3) 取締役会の構成と規定

有限責任会社における会長および社長は企業の日常的な経営活動を行う主体であり，役員の人事権を持ち社員総会の責任を負う。会長および社長の報酬は費用として計上され，財務諸表において個別項目として報告されなければならない。

株式会社においては，取締役会は企業の管理機関として機能し，株主総会に責任を負う。定員は3～11人で，任期は5年であるが再任回数に上限はない。ベトナム国内に常駐するものが占める割合は各企業の定款による。独立取締役を設置する場合は，次の要件を満たす必要がある。すなわち，少なくとも過去3年間に当該企業または子会社に所属していたものではないこと，当該企業から給与あるいは報酬を得ていないこと，親族に大株主を除く当該企業の関係者がいないこと，発行済み株式総数の1％以上を保有していないこと，少なくとも過去5年間に当該企業の役員でないこと，などである。

(4) 従 業 員

ベトナム企業において従業員がコーポレート・ガバナンスに関わる制度は，現在のところ存在しない。

3　外部ガバナンス

(1) 主要なプレーヤー

① 政　　府

コーポレート・ガバナンスの進展を推し進める力という意味では，国家証券委員会を所管する財務省が最も有力である。しかし，現状においては規制監督主体としての面ではなく，主要な機関投資家としての政府の関与により大きな注目が集まっている。ベトナムでは，2006年にシンガポールのテマセクを見本として政府系ファンドである国家資本投資公社（State Capital Investment Corporation：SCIC）が設立された[7]。これは国有企業の株式会社化の際に，政府持分を引き受ける役割を持つ組織である。現在は主な使命として，①企業系の戦略的な投資家となること，②アクティブな投資家となること，③プロの金融コンサルタントとなること，の3点を掲げており，ベトナムの証券市場ひいてはコーポレート・ガバナンスにおける重要な主体となることが予想される。

② 銀　　行

過去，ベトナムでは銀行の信用力が低く重要視されない時代もあったものの，市場化がすすめられた近年においては大規模な金融機関も表れ影響力を増している。しかし，コーポレート・ガバナンスの観点から重要な主体であるとはいえない。

③ 株　　主

発行済み普通株式総数の10％以上を6か月以上継続して保有している株主は，役員人事の推薦や株主総会招集のための請求，また監査役に対する検査要求を

行うことができる。企業に対しては議決権優先株式など種類株の発行も認められている。また，投資法では投資家の義務と権利として投資に関する法規の遵守だけではなく，保険や労働，環境保護に関する法規の実施をも求めており，文面だけを受け止めれば投資家の果たす役割は大きい。しかし，一般にベトナムは個人投資家が多いとされており，有力な機関投資家あるいはコーポレート・ガバナンスを意識した団体は国内にはない。そこで有望視されるのが外国人投資家であるが，現在のところ特筆すべき活動を行っている外国人投資家はいない。

(2) 情報開示

各種開示書類は，証券法により，届け出期日，罰則が細かく規定されており，財務情報の開示という点では比較的整備された印象を受ける。例えば，公開会社は監査完了後10日以内に財務諸表を公開することを義務付けられているほか，ファイナンス上の重要事項が発生した場合は24時間以内にこれを開示せねば営業停止などのペナルティが課される。

他方で，非公開会社については情報の整備が遅れ，また所管機関も明確ではないため今後の進展も望めない状況にある。

(3) 株主行動主義，エンゲージメントの状況

少なくとも現状では，ベトナムの法制度上あるいは社会風土に株主行動主義やエンゲージメントの概念を重視する動きはない。

(4) M＆A

基本的には，日本においても一般的な手法により行うことができる。すなわち，株式の取得あるいは合併である。ただし，当該事象により市場占有率が50％を超える場合は，競争法に触れるためこれらを実行することができない。この場合は事前に法定代表者による当局への届け出および承認が必要になる。また，2014年の統一企業法の改正により，従来は同種の企業同士のみに認めら

れていた合併が異種間でも可能となった。これは政府が企業環境の活性化を目指したための変化である。日本企業にとっては，通常のベトナム国内への参入形態が2人以上有限責任会社であることを考えれば，参入後の戦略が多様化したことを意味する。

4　社会における企業

(1)　企業の腐敗状況

Transparency Internationalが公表する腐敗インデックス2015年版[8]では，ベトナムはスコア31で168か国中では112位に位置している。これはASEANの中でも低水準にあることを示す順位である。同年には同機関の支部であるToward Transparencyのベトナム支部が企業とCSRに関するフォーラムを開くなど様々な取り組みを行っているものの，現在のところ全体としての改善の兆しはない。

(2)　社会的責任に対する考え方

環境に対する責任については敏感な対応を行っている。2006年に行われた環境省主催の調査[9]では，ベトナムの環境基準が世界的にも最先端にあり，これを受けた企業の対応も先進的なものとなっていることが報告されている。その後の経済成長により環境への配慮はより注目を集める分野となっている。2014年には環境保護法が改正され，企業に対して厳しい基準が求められることとなった。しかし，関連法規を含めたベトナムの環境法は複雑な体系を持ち詳細が頻繁に変更されるため特に外資系企業にとっては把握が難しい[10]。政府からの摘発を受ける例も少なくないことから，進出にあたり見当すべき最重要課題の1つであるといえる。

(3) Good practice（事例）

世界金融公社（International Finance Corporation：IFC)[11]はベトナムのコーポレート・ガバナンス調査のためのプロジェクトチームを立ち上げており，ベトナム企業の実態について定期的に調査を行っている[12]。ここで取り上げられているのがHo Chi Minh City Securities Corp. およびMobil World Investment Corp. である。どちらも独立取締役を導入するなど内部統制システムの改革に努め，同業種内では最もよい株価パフォーマンスを実現するに至ったことが紹介されている。

(4) 国内外の問題意識

環境問題および市場化に対する格差への関心は高いものがある。前述の通り環境問題については法改正が行われているように企業側への取り組みも求められているものである。また，金融インフラの整備も注目される案件である。例えば，債券市場の活性化につながる国内の正確な格付け機関の創出など，課題は多い。

5　小括と課題

国営企業の株式会社化が進められ，また大胆な外資規制の緩和などにより市場化がより一層進展したベトナムの企業環境は，今後も進化を続けるものと考えられる。しかし，市場化を進めた場合のリスクをコントロールする方法については，環境問題などの例外を除き，真剣な取り組みがなされているとはいえない状況にある。企業行動のリスクについてはまさにコーポレート・ガバナンス体制の整備がリスクヘッジの方法であることを考えれば，内部統制システムをはじめとした各種改革を行っていく必要性が急速に高まっているともいえる。しかし，国内における非公開企業の多さなど，規制を行うとしても有効な方法を編み出すためには課題が多い。人的資源また投資環境において優位にあるべ

第9章　ベトナムのコーポレート・ガバナンス

トナム経済は日本企業にとっても魅力的なものとして捉えられよう。今後，より両国企業の関係性を深めるにあたっては，以上のような状況を踏まえ，今後のよりよい企業環境の実現に寄与するようなかたちを取ることができるよう慎重な対応が求められている。

（注）
1) 正式名称は「Quyết định số 252/QĐ-TTg của Thủ tướng Chính phủ về việc phê duyệt Chiến lược phát triển thị trường chứng khoán Việt Nam giai đoạn 2011-2020」。
2) 2005年に外国投資法，企業法，国営企業法を統合し内資・外資を区別しない法体系として制定されたため「統一」企業法と表す。統合経緯および2014年改正以前の内容については下記を参照。
　　丹野勲（2010）『アジアフロンティア地域の制度と国際経営 – CLMVT（カンボジア，ラオス，ミャンマー，ベトナム，タイ）と中国の制度と経営環境 – 』文眞堂。
3) ベトナム六法の日本語訳は独立行政法人国際協力機構（http://www.jica.go.jp/）にて入手可能。
4) このほか国有企業／非国有企業の区分も可能だが，本章では国有企業に関するガバナンスを扱わないため割愛している。なお，「2014年版ベトナム統計年報」によれば，国有企業が全企業に占める割合は2013年最終値で0.86％に過ぎない。
5) JETRO（https://www.jetro.go.jp/）にて規制対象業種のリストが入手可能。
6) 2014年の統一企業法改正より。
7) SCIC（http://www.scic.vn/）。以後，SCICについてはウェブサイトおよび次の文献を参考とする。早稲田大学ベトナム総合研究所編（2010）『東アジア新時代とベトナム経済』文眞堂。
8) Transparency International（https://www.transparency.org/）「腐敗のない世界の実現」を目指し世界各国の腐敗度を調査するNGO団体。腐敗インデックスは，168か国の腐敗度を評点化しランキングしている。
9) 財団法人地球・人間フォーラム（2007）「ベトナムにおける企業の環境対策と社会的責任 CSR in Asia」環境省請負事業。
10) 環境法の詳細については，JETROハノイ事務局が公表するレポートに詳しい。（https://www.jetro.go.jp/ext_images/_Reports/1_1503kankyohogohou.pdf）
11) IFC（http://www.ifc.org/）。世界銀行グループに含まれ，途上国の民間セクター開発に注力する団体。
12) 今回参照したレポートは，"Corporate Governance in Vietnam success stories"（2015）で，ベトナム企業へのコーポレート・ガバナンスに関する啓蒙目的で国内企業の取組を紹介するもの。

第10章　インドネシアのコーポレート・ガバナンス

1　企業環境

(1) 基本情報

[人口]　約2億5,126万8,276人（2013年）
[首都]　ジャカルタ
[言語]　インドネシア語
[民族]　大半がマレー系（ジャワ，スンダ等約300種族）
[宗教]　イスラム教，ヒンドゥー教，キリスト教など
[政体]　共和制（大統領責任内閣）
[議会概要]　国会（DPR）（定数560名，任期5年），国民協議会（MPR）（定数692名，国会議員560名と地方代表議員132名で構成）
[通貨]　ルピア
[経済規模]　GDP：約4491.42億ドル，国民1人当たり約1,787.50ドル（2013年時点，2005年基準実績値）

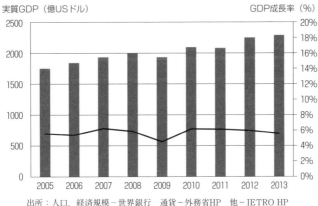

出所：人口, 経済規模－世界銀行　通貨－外務省HP　他－JETRO HP

(2) 主要証券市場および上場会社の概要

インドネシアにおける証券市場の歴史は植民地時代まで遡ることができるが，現在の証券市場の原型となるジャカルタ証券取引所が開設されたのは1977年のことである。証券市場といってもその当時の上場企業数はごく僅か（1988年時点で24社）で，証券市場としての機能は1987年の規制緩和を経て本格化していった。この規制緩和は国内民間企業の上場ラッシュを誘発し，特に華人系企業グループがそれぞれの有力傘下企業を上場させていった[1]。

株式取引市場としての役割を持つジャカルタ証券市場に対して，社債取引所として1989年に誕生したのがスラバヤ証券取引所である[2]。現在のインドネシア証券取引所は，2007年にジャカルタ証券取引所とスラバヤ証券取引所が統合して生まれたもので，インドネシアでただ一つの証券取引所である。2016年3月現在，インドネシア証券取引所の上場企業数は525社[3]であることから，年々企業数は増えているものの株式市場としては未だに成長段階にある。2014年の株式時価総額は5,228兆430億ルピアに上る[4]。2009〜2015年までの公開企業数および株式数，時価総額の推移はそれぞれ表10−1，図10−1の通りである。

表10−1　公開企業数および公開株数推移（2009〜2015年）　（株数：百万）

	2009	2010	2011	2012	2013	2014	2015
企業数	398	420	440	459	483	506	513
株数	1,465,655	1,894,828	2,198,133	2,438,408	2,827,795	3,084,060	3,149,459

出所：IDX（2015）*IDX Fact Book 2015*，p.2参照。

図10−1 時価総額推移（2009〜2015年）

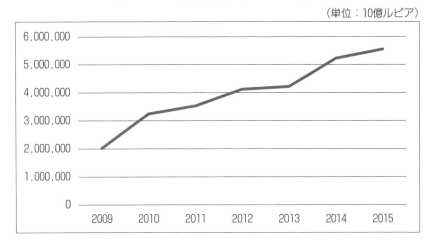

（単位：10億ルピア）

（注）　2015年は6月時点のデータ。
出所：IDX（2015）*IDX Fact Book 2015*, p.2参照。

　資本市場に関する決まりは1995年第8号法によって規定されている。そのなかで資本市場監督庁（BAPEPAM）は資本市場を監督する役割を担っており，インドネシア証券取引所の上場に関する規則を規定する立場にあることが明記されている5)。インドネシア証券取引所の一部上場条件は以下のようになっている6)。

① 設立から3年が経過していること。
② 監査済み財務諸表には3年分の記載があること。
③ 過去3年分の財務諸表に対する無限適正意見書と最新の中間財務報告書。
④ 有形資産が1,000億ルピアあること。
⑤ 前年度の営業利益が黒字であること。
⑥ 株式の新規公開後に支配株主および有力株主が保有する株数が最低でも3億株あること。
⑦ 振込資本の保有率は株式価値ベースで5,000億ルピア未満は20％，5,000

億〜2兆ルピアは15％，2兆ルピアを超える場合は10％あること。
⑧　有価証券保有者数が1,000人いること。

　2015年度の上場企業の財務状況を確認していくと，資源関連企業に当期純利益の赤字が目立ち，同様の傾向は自動車，繊維関連企業にもみられる。他方，その他業種の財務状況をみていくと，金融，卸，小売り，不動産，建築，医薬品は比較的良好だといえる[7]。

(3) コーポレート・ガバナンスに関わる規制および規制主体

　コーポレート・ガバナンス関連法規の重要な枠組みとして，インドネシア会社法があげられる。市場における手続きの規律・公正の確保にあたっては，株式市場を統括する資本市場法が存在し，同法によって株主は違法行為から保護されている。この資本市場法を管轄するのが資本市場監督庁で，インドネシア証券取引所も同様の規制下に置かれている。資本市場監督庁は会社法の買収規定も定めている。機関の特徴としては，資本市場監督庁は独立機関ではなく，財務省に対しては説明責任を負うことが指摘される[8]。

　政府はガバナンス強化に取り組むために，1999年に「企業ガバナンス国家委員会」を設けた。同委員会の下で，2000年にまとめられたのが「よい企業ガバナンス・コード」である。短期間で委員会の設置から上記規範の作成までが一気に行われたが，法的拘束力の整備は未だに十分とはいえず，あくまで企業に対するガバナンスの基本方針を示すものとして機能している[9]。

　佐藤（2004）は規範の序文に掲げられている3つの目標を以下のようにまとめている[10]。

① 透明性，説明責任，信頼性，公正性を高めることによって，企業価値と株主価値の最大化を図る。
② 監査役員，取締役，株主総会の活用を最適化し，その独立性を高め，専門的，透明かつ効率的な企業経営を促進する。

③ 厳格な倫理観，現法法規の遵守，様々な利害関係者と環境保護に対する社会責任をもって，株主，監査役会役員，取締役が意思決定を行い行動することを促進する。

これらを序文として，本文は13章から構成されており，それぞれの章の題目は以下の通りである[11]。

①株主，②監査役会，③取締役，④会計監査制度，⑤会社秘書役，⑥利害関係者，⑦情報開示，⑧秘密主義，⑨インサイダー情報，⑩ビジネス倫理と汚職，⑪献金，⑫衛生，安全，環境保護に関する現行法規の遵守，⑬平等な雇用機会

なお，「よい企業ガバナンス・コード」は現在までに2001年，2006年の2回修正が加えられ，現在の2006年版が第3版となっている。2006年度版序文にある通り，「よい企業ガバナンス・コード」は規制ではなく，企業が守るべき倫理の規範にとどまるものであるというのは，初版から変化のないところである[12]。

ガバナンス強化を図るため，インドネシア証券取引所は市場における模範となることを目的とし，コーポレート・ガバナンスの独自の規範とその実践をホームページ上に公開している。第三者機関からの監査も入れるなど，世界の株式取引市場となるための取り組みに積極的な姿勢がみられ，インドネシア証券取引所としてコーポレートガバナンス・コードを2011年にまとめている[13]。

(4) 外資系企業の進出状況，規制

外資規制に関わる代表的な法令として，投資法（2007年第25号），投資調整庁長官規制（2013年第5号），そして大統領規定（2014年第39号）があげられる。2007年投資法において，外国資本の国防産業への投資を禁止しており，その他の禁止や規制業種については2014年大統領規定（ネガティブリスト）に詳細が規定されている。そのネガティブリストでは以下にあげる区分けに応じて，対象

業種に分けて規制を設けている[14]（表10-2・3・4を参照）。

　日系企業のインドネシア進出は年々増加傾向にあり，2015年4月時点では1,763社の企業が確認されている[15]。主な進出企業としては「トヨタ自動車，ダイハツ工業，三菱自動車，ホンダ技研，スズキ，パナソニック，シャープ，エプソン，東レ，マンダム，ユニチャーム，ライオン，花王，味の素，ヤクルト，日清食品，旭硝子，公文，ヤマハ」[16]などがあげられるほか，中小企業の進出も著しい。

　帝国データバンクの調査に基づき，インドネシアに進出する日系企業を業種別にみると，最も多いのが製造業（932社）で全進出企業の内の52.9％を構成する。製造業の後に，卸売業（396社），サービス業（144社），運輸・通信業（81社），建設業（78社）などが続く。それぞれの全進出企業に占める割合は22.5％，8.2％，4.6％，4.4％となっている[17]。

表10-2　投資に閉鎖されている事業分野リスト

No.	分野	事業分野	KBLI
1	農業	大麻の栽培	1289
2	林業	1．ワシントン条約（CITES）付属書1に記載された魚類の捕獲	1701
		2．建材／石灰／カルシウム，土産／装飾品用への天然珊瑚，生きた珊瑚・死んだ珊瑚（recent death coral）の利用（採取）	3119
3	工業	1．環境を破壊しうる化学物質産業：	
		－水銀処理を行う塩素アルカリ製造産業	20111
		－農薬の有効成分材料産業：ジクロロジフェニルトリクロロエタン（DDT），アルドリン，エンドリン，ディルドリン，クロルデン，ヘプタクロル，マイレックス，トクサフェン	20211
		－工業用化学材産業：ポリ塩化ビフェニル，ヘキサクロロベンゼン	
		－オゾン破壊物質産業：四塩化炭素，メチルクロロフォルム，メチルブロマイド，トリクロロフルオロメタン（CFC-11），ジクロロトリフルオロエタン（CFC-12），トリクロロトリフルオロエタン（CFC-113），ジクロロテトラフル	20119

第10章 インドネシアのコーポレート・ガバナンス

		オロエタン（CFC-114），クロロペンタフルオロエタン（CFC-115），クロロトリフルオロメタン（CFC-13），テトラクロロジフルオロエタン（CFC-112），ペンタクロロフルオロエタン（CFC-111），クロロヘプタフルオロプロパン（CFC-217），ジクロロヘキサフルオロプロパン（CFC-216），トリクロロペンタフルオロプロパン（CFC-215），テトラクロロジフルオロプロパン（CFC-214），ペンタクロロトリフルオロプロパン（CFC-213），ヘキサクロロジフルオロプロパン（CFC-211），ブロモクロロジフルオロメタン（ハロン-1211），ブロモトリフルオロメタン（ハロン-1301），ジブロモテトラフルオロエタン（ハロン-2402），R-500，R-502	
		2. 化学兵器としての化学剤の利用に関する法律2008年第9号の添付Iに記載の化学兵器会議スケジュール1化学物質産業	20119
		3. アルコールを含有する飲料産業：	
		－アルコール飲料	11010
		－ワイン	11020
		－麦芽を含む飲料	11030
4	運輸	1. 陸上旅客ターミナルの実施と運営	52211
		2. 原動機付車両計量の実施と運営	52219
		3. 船舶航行支援通信／設備と船舶交通情報システム（VTIS）	52221
		4. 航空ナビゲーションサービスの実施	52230
		5. 原動機付き車両形式試験の運営	71203
5	情報通信技術	無線周波数及び衛星軌道の監視基地の管理と実施	61300
6	教育・文化	1. 政府系博物館	91021
		2. 歴史・古代遺跡（寺院，王宮，石碑，遺跡，古代建造物など）	91023
7	観光・創造経済	3. 賭博／カジノ	92000

（注）1 閉鎖事業分野は，研究開発など非営利の場合，当該事業分野の育成に責任を負う機関からの承認を得て利用可能。
　　　2 インドネシア標準産業分類（KBLI）が1つ以上の事業分野を含む場合，添付Iにある条件は，当該事業分野の欄に記載の事業分野にのみ適用される。
出所：JETRO（2014）『2014年ネガティブリスト』，7ページより抜粋。

表10-3　条件付きで解放されている事業分野リスト

1. 農業分野
2. 林業分野
3. 海洋・漁業分野
4. エネルギー・鉱物資源分野
5. 工業分野
6. 国防・警備分野
7. 公共事業分野
8. 商業分野
9. 観光・創造経済分野
10. 運輸分野
11. 情報通信技術分野
12. 金融分野
13. 銀行分野
14. 労働・移住分野
15. 教育・文化分野
16. 保健分野

出所：JETRO（2014）『2014年ネガティブリスト』，p.6より抜粋。

表10-4　ネガティブリストにおける主な区分け

1. 中小・零細企業，協同組合のために留保される分野
2. 中小零細企業，協同組合とのパートナーシップが条件付けられる分野
3. 外資比率が制限される分野
4. 地域が限定される分野
5. 特別許可を要する分野
6. 内資100％に限定される分野
7. 外資比率と地域が限定される分野
8. 特別許可が必要で外資比率が制限される分野
9. 内資100％に限定され，特別許可が必要な分野
10. ASEAN諸国の投資家対象の外資比率およびあるいは地域が限定される分野

出所：JETRO，ホームページ，外資に関する規制（https://www.jetro.go.jp/ 2016年2月9日　閲覧）を参照に作成。

年商規模別に進出企業数を確認すると，「100億円以上1,000億円未満」の企業数が最大となっており597社に上る。同年商規模の企業が全進出企業に占め

る割合は33.9%である。その他の企業を年商規模別にみていくと、「10億円以上100億円未満」の企業が552社（31.4%）、「1,000億円以上」が340社（19.3%）、「10億円未満」が271社（15.4%）という構成になっている[18]。

インドネシアに進出する日系企業は自動車関連や機械部品メーカー、卸が主な業種としてあげられるが、近年の傾向としてサービス業、小売業の進出が多くみられるようになってきている。同調査において、2012～2014年にかけての進出企業数が分野別に明らかにされているが、製造業が240社増、卸売業が121社増となっているなかで、サービス業も57社増と順調に企業数を伸ばしている[19]。また、年商規模別に進出企業数をみても、中小規模企業が活発にインドネシア進出を果たしていることがわかる。

2　内部統制システム

(1) 機関設計

会社法上の会社の機関として、①株主総会、②取締役会、③コミサリス会（監査役会に類似）が存在する（図10-2参照）。株主総会は株主によって構成され、会社の重要な事項の決議を行う最高の意思決定機関に位置づけられる。取締役会は会社の代表として運営上の全権限を持つ機関であり、この取締役会を監督し、経営上の助言を与える役割を担っているのがコミサリス会である。これらの3機関のなかで、株主総会に関しては会社法に具体的な規定が明記されているものの、取締役会およびコミサリス会に関してはそれらがなく、定款に委ねられている。そのため、会社のガバナンス体制はどのような権限が取締役会とコミサリス会に与えられるかで異なってくるといえる[20]。

株主総会は会社法および定款に定める範囲において、取締役会並びにコミサリス会が有する権限以外の権限を行使することができる。さらに、会社法上、株主は株主総会の議案に関連した情報について、会社の利益が損なわれない範囲において取締役会とコミサリス会を通じて得ることができる。これらに加え、

株主総会において，あらかじめ通知されていない議案についても，全株主が出席している場合においてのみ議案を追加し，審議することが認められている[21]。なお，株主総会の種類や招集時期などに関しては後述する。

次に，取締役会，コミサリス会についてだが，既述のように会社の定款に規定された範囲によってそれぞれの権限は大きく異なってくる。取締役会を例にとれば，「取締役会の開催招集，議決，決議，頻度等について何らの定めも置いていない」[22]し，業務に関しても「定款に規定を置かない限りは，会社法上株主総会議決事由をされる事項を除けば，原則として取締役会が単独で意思決定を行い業務執行ができる」[23]のである。同様に，コミサリス会においても，定款で定められていればその権限は株主総会から権限委譲があった場合の取締役会の報酬の決定から，取締役の日常における業務執行の一部，あるいは特定の期間の取締役会に代わる業務執行にまで及ぶ[24]。

図10-2　インドネシア企業の統治機構

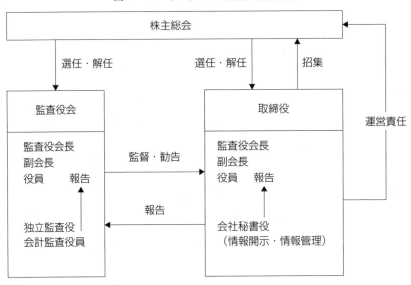

出所：佐藤（2004），224ページ，図2より抜粋。

(2) 株主総会

　株主総会は主に2種類に分けられ,「年次株主総会」と「臨時株主総会」が存在する。年次株主総会に関しては会計年度終了後,6か月以内に開催されなければならず,年次報告書の作成と提出も義務付けられている。臨時株主総会に関しては,特定の時期は決められておらず,必要に応じて開催される。株主総会における決議に際し,議決権ベースで過半数の株式を保有する株主の出席が必要で,議決権ベースで出席株主の過半数以上の賛成が必要となる。無議決権株式を発行することができるが,基本的に一株に一議決権が付与されている。定款の変更や授権資本枠を超える増資,減資,株式の買戻しといった決議事項においては,基本的に定員数として議決権ベースで3分の2以上の株式を有する株主の出席が必要となり,それに加えて議決権ベースで出席株主の3分の2以上の賛成がなければならない。また,50％超以上の会社資産の譲渡または担保提供,合併,買収,会社分割,破産申立て,会社の存続期間の延長,解散といった決議事項については,まず定足数として議決権ベース4分の3以上の株式を保有する株主の出席を必要とし,決議の成立には議決権ベースで出席株主の4分の3以上の賛成が必須となる[25]。

(3) 取締役会の構成と規定

　会社経営の全権限を有する取締役会は通常1名以上の取締役によって構成される。取締役は株主総会によって選出され,任期や報酬が設けられる。また,取締役に対して,株主総会は免職する権限を持ち,また監査役は取締役を一時停職させることが可能となっている。職務として,取締役は各種事業報告書,年次報告書,株主総会に関連する書類などの作成と保管にあたる[26]。取締役（コミサリスの場合も同様）の就任にあたり,役員になるものは「法律行為を行う能力を有する自然人に限られ,法人や行為無能力者が役員になることはできない」[27]とされている。

　これに加え,過去5年以内に以下の項目に該当する者は取締役の資格はない

ものとされる[28]。
① 自己破産したことがある者
② 自己が取締役またはコミサリスであった会社が破産し，当該破産の責任がある旨認定された者
③ 国家の財政とそれに関連する金融部門の双方またはいずれかに損害を与えて刑事罰を受けた者

(4) 従 業 員

1998年にスハルト大統領が退陣したことにともない，政府による組合運動に対する介入と労働組合登録規制が緩和され，労働組合組織がインドネシア全国で増加していった。民主化の機運が高まり，2000年代初めに労使関係の調整が法の下で処理される体制が整っていった。水野（2004）によれば，司法の介入によって法の下で労使関係問題が解決に向かうケースは多いとはいえないが，労働組合の働きかけにより経営者側から譲歩を引き出す事例も確かに存在する。このような事例をもって，今後取締役会に労働組合代表がメンバーとして一般的に加えられるようになるかを見定めることまではできないが，将来インドネシアの会社組織における従業員の位置づけがどのように変化していくかを考察する手がかりになると考えられる[29]。

3 外部ガバナンス

(1) 主要なプレーヤー

① 政　府

インドネシア政府はコーポレート・ガバナンスを強化する姿勢を示している。それは，2006年10月に企業統治国家委員会がインドネシア企業統治規範の改定を公表したことからもうかがえる。同規範では適切なコーポレート・ガバナンスを達成する必要性や，株主総会をはじめ取締役会やコミサリス会が果たすべ

き役割が説かれている。そして,「企業倫理や行動規範に関する新しい条項」[30]が加えられている。インドネシア政府は,各会社が社内規定を作成する際には,同規範に載せられた原則を取り入れるように義務付けており,ここに政府のコーポレート・ガバナンスへの積極的関与の姿勢が確認できる。しかしながら,規範には法的拘束力が存在しないため,会社が同規範を基にコーポレート・ガバナンスを強化する大きな流れとはなっていないのが現状である[31]。

また,インドネシア金融庁は2014年に「コーポレート・ガバナンスロードマップ」を作成し,発表を行った。同ロードマップは,各種規制の整備と監督により企業におけるコーポレート・ガバナンスの強化を目標に掲げている。これらに加え,2015年にもインドネシア金融庁は上場企業に向けたコーポレートガバナンス・ガイドラインを発表している[32]。

② 銀　　　行

銀行部門自体が成長段階,あるいは銀行自体のコーポレート・ガバナンスも未だに改善点が多くみられる。そのため,ガバナンスに関して銀行が外部から企業に対して与えられる影響は限定的であると考えられる。

③ 株　　　主

インドネシア証券取引所によれば,2016年3月までの株式売買高に占める国内投資家と外国人投資家の割合はそれぞれ54％(130兆4,000億ルピア),46％(110兆6,000億ルピア)となっており,外国投資家の割合が比較的高いことがわかる[33]。株式市場でインドネシアの個人投資家が売買高に占める割合は2012年の数字で僅か5.5％[34]にしかならず,またインドネシアでは株式に投資を行う人々の全人口に占める割合(2016年1月時点)は1％[35]に満たない。2012年における国内機関投資家,外国機関投資家,外国個人投資家が売買商に占める割合はそれぞれ35.7％,57.6％,1.2％となっている[36]。

このような状況に鑑み,インドネシア証券取引所は投資教育を通した「預金社会から投資社会へ」の変革の必要性を認識しており,同メッセージを広く社会に届けるために証券取引所内などでイベントなどを積極的に行っている。これだけにとどまらず,インドネシア証券取引所はインドネシア金融庁とともに

2015年から投資を促すキャンペーンを展開し，2016年までに新たに20万人の個人投資家を増やすことを目標としている[37]。

(2) 情報開示

全ての上場企業は報告書の作成を義務付けられており，インドネシア証券取引所，並びにインドネシア金融庁に提出しなければならない。報告書の種類としては，年次，四半期，半期の財務報告書，アニュアル・レポートがあげられる。その他にも企業に関わる重要な事項は逐次報告が求められている。各企業の財務報告書，アニュアル・レポートに関しては，証券取引所のデータベースからアクセス可能になっている[38]。

証券取引所は企業から得られる各種報告書を利用し，また証券市場に関連するデータを用いて「IDX Yearly Report」，「IDX Fact Book」などを作成しており，公表している。これらの資料に基づきインドネシア資本市場の概要を理解することができるようになっている。

(3) 株主行動主義，エンゲージメントの状況

インドネシアの株主行動は，その他の新興国と比較してそれほど活発ではないが，株主主権はそれなりに強いとされている。支配株主や一族経営が実権を握っていることもあり一般株主の権限は相対的に弱いが，それでも株主は取締役の選任や解任，そして役員報酬に関しても議決権を持っている[39]。

株主行動の手段を具体的に確認すると，1株1票制度は広く利用されており，また株主総会以外にも総会を招集する権利を持ち，10％以上を保有することで臨時株主総会を実現することができる。さらに，総議決権の10％以上を有する株主は，株主総会に議題を提出することも可能である[40]。

(4) Ｍ＆Ａ

　組織の再編に関連し，インドネシア会社法では①合併，②買収，③会社分割の3つの手法を規定している。インドネシアにおいて合併は国内で設立された株式会社間のみで行うことを想定しているため，外国企業がインドネシアに進出する際に用いられるのは買収によるインドネシア法人の株式取得になる。会社分割は一部の事業を切り出して取得しようとするものであるが，手続き規定に関して会社法に明記されていない。買収手続きの流れとしては，一般的に①株式譲渡（引受）契約の締結まで，②株式譲渡（引受）契約締結後クロージングまで，③クロージング後に大別され，順に進められる[41]。買収では発行済株式，発行予定株式を，取締役会あるいは株主から直接取得することになるが，その際には会社法第89条に定められた条件を満たし，決議を行わなければならない。具体的には，第1回の株主総会では定足数として株式数の4分の3を必要とし，議決には4分の3以上の賛成がなければならない[42]。また，第2回の株主総会では，定足数として議決権株式数の3分の2が必要となり，議決には4分の3以上の賛成を得なければならない[43]。

　なお，取締役会において作られた合併計画は，株主総会の決議にかけられる前段階として，コミサリス会の承認を得る必要がある[44]。

4　社会における企業

(1) 企業の腐敗状況

　Transparency Internationalによる2015年度の腐敗指数調査によれば，インドネシアは世界168か国中，88位にランク付けされており，世界的にみても腐敗の現状は未だに厳しい[45]。汚職が蔓延するインドネシアにおいて，公務員の汚職に対する処罰を定めた法律，汚職撲滅法（1999年）は存在するものの，民間企業の従業員による贈収賄を処罰する法律は存在しない。しかしながら，

民間企業従業員であっても公務員に対して金品を供与するなど、ある行為をさせる、ないしさせないといったことを行った場合には、約束の場合であっても「5年以下の禁錮および1,500万ルピア以下の罰金に処せられる」[46]ことになっている[47]。

(2) 社会的責任に対する考え方

インドネシアの会社法には企業の社会的責任に関する条項が取り入れられており、ここに同国会社法の特色がうかがえる。インドネシアで環境破壊が深刻化していったことを背景に、2007年の会社法では、まず企業の社会的責任は「企業が地域社会および一般大衆に役立つような生活の質の向上や環境改善が持続できるように経済発展に参画すること」[48]と定義されることとなった。その上で、「天然資源／その関連分野で事業を行う会社について、企業の社会的責任を果たす義務があることおよび義務を果たさない場合には処罰が課せられること」[49]が定められることとなった。

(3) Good practice（事例）

2015年11月、ASEAN Capital Market Forumの主催でASEAN諸国の50社が「アセアンコーポレート・ガバナンスアワード」に選出され、インドネシア企業としてはPT Bank CIMB NiagaとPT Bank Danamonの2社が同賞を受賞することとなった。その他のASEAN諸国と比較して選出された企業が少なかったことから、インドネシア金融庁は今後インドネシアにおいてコーポレート・ガバナンスを強化していく姿勢を明らかにし、その先導役として国営企業のコーポレート・ガバナンスの改善を目標に掲げた[50]。ASEAN Capital Market ForumはASEAN諸国の資本市場の監督機関としての役割を果たしており、将来的に同地域における経済統合の基盤を築くため、資本市場における基準と規制の統一を促している[51]。

第10章　インドネシアのコーポレート・ガバナンス

(4) 国内外の問題意識

　2014年にACGAが行った各国コーポレート・ガバナンスの評価によると，インドネシアは11か国中11位にランクインしており，2010年のポイントとの比較では2014年は－1ポイントとなった。ACGAはコーポレート・ガバナンスの強化に対するインドネシアの取り組みを一定程度評価したうえで，それらが適切に実施されるかどうか疑問を呈している。評価の基準をおおまかにみていくと，コーポレート・ガバナンスに関する法律作成の取り組み，およびコーポレート・ガバナンス関連規則と実施状況，会計監査・外部監査，ガバナンス・カルチャー，政策・規制の整備があげられる。インドネシアはほぼ全ての項目で最下位にある[52]。既述の通り，インドネシア政府はコーポレート・ガバナンスの強化に前向きな姿勢をみせているが，現実としてインドネシア資本市場監督庁にはそもそも組織運営の予算が不足していることから，規制監督は実際には行えていないのが現状であり，またインドネシア金融庁も規則を設けてはいるがそれらを遵守させることができていない状態にある[53]。

5　小括と課題

　インドネシアは順調な経済成長を遂げており，その圧倒的な人口規模からも，アジアにおける経済成長を牽引するものとして期待を集めている。日系企業はアジアの進出先国としてインドネシアを選択する傾向にあり，また欧米多国籍企業も将来のアジアの拠点としてシンガポールだけでなくインドネシアにも注目している。このような背景から，インドネシアにおける直接投資流入額は増加傾向にあるものの，資本市場としての成熟度は未だに先進国の基準を満たすものではない。インドネシア株式市場の歴史は未だ浅く，上場企業数もその他のASEAN諸国と比較して少ない。コーポレート・ガバナンスに関する法規制も十分に整備されているとはいえず，会社法において最低限の法規制が定められているものの，会社定款次第で権限に大きなばらつきが出てしまう状況にあ

る。また，大株主の存在により経営の中枢が握られ，コーポレート・ガバナンスに悪影響を与えているばかりか一般株主の主権も限定している側面があるといえる。このように，同国において外国企業が未だに進出の際にクリアしなければならないボーダーは数多く存在すると考えられるが，インドネシア金融庁をはじめ，主要機関がコーポレート・ガバナンス強化の姿勢を鮮明に打ち出していることは評価しなければならない点であろう。監督機能としては未だに不十分であると指摘があるものの，継続的にコーポレート・ガバナンスの改善に向けた対応策を内外に発信していることに鑑みても，インドネシアは，「今後アジア地域における資本市場のセンターに成長する」という同国に対する世界の期待を的確に認識しており，その要望に応えようと模索していることがうかがえる。

(注)
1) 佐藤百合（2004）「企業ガバナンス改革と企業の所有経営」佐藤百合編『インドネシアの経済再編 －構造・制度・アクター』研究双書 No.537 アジア経済研究所，212〜214ページ。
2) インドネシア証券取引所，ホームページ（http://www.idx.co.id/ 2016年3月5日閲覧）参照。
3) 同上。
4) IDX（2015）*IDX Fact Book 2015*, Jakarta, Research and Development Division Indonesia Stock Exchange, p.2.
5) 濱田美紀(2012)「第5章 インドネシアにおける債券市場の発展と金融部門の現状」柏原千英編『「アジア域内金融協力」再考：進展と課題』調査研究報告書，アジア経済研究所，66ページ。
6) IDX（2015），op.cit., p.35.
7) Research and Development Division（2015）*IDX Statistics 2015*, Jakarta, Indonesia Stock Exchange, pp.57-64.
8) CFA協会（2009），『世界における株主権の現状』57ページ。
9) 佐藤（2004），前掲書，217〜219ページ。
10) 同上書，220ページより引用。
11) 同上。
12) National Committee on Government（2006）*Indonesia's Code of Good Corporate Governance*, Jakarta, Republic of Indonesia, i.
13) インドネシア証券取引所，ホームページ（http://www.idx.co.id/ 2016年3月5日

第10章　インドネシアのコーポレート・ガバナンス

閲覧）。
14) JETRO，ホームページ（https://www.jetro.go.jp/ 2016年3月9日　閲覧）。
15) 帝国データバンク（2014）『第2回インドネシア進出企業の実態調査』帝国データバンク，1ページ。
16) JETRO，ホームページ（https://www.jetro.go.jp/ 2016年3月9日　閲覧）。
17) 帝国データバンク（2014），前掲報告書，2ページ。
18) 同上書，3ページ。
19) 同上書，2ページ。
20) 福井信雄（2013）『インドネシア会社法に関する報告書』長島・大野・常松法律事務所，43ページ。
21) 同上書，43〜44ページ。
22) 同上書，56ページより引用。
23) 同上書，57ページより引用。
24) 同上書，60〜64ページ。
25) JETRO（2015）『ビジネス法規ガイドブック（インドネシア）』2014年度海外制度調査，日本貿易振興機構，8ページ。
26) 井口直樹・芳川瑛子・Hamazha, Hanim・Ludmila, Olivia（2011）「インドネシア」『監査役』No.587, 2011年8月25日，70〜72ページ。
27) 福井（2013），前掲報告書，51〜52ページより引用。
28) 項目は同上書，52ページより抜粋。
29) 水野広裕（2004），「第9章　労働者組織の台頭と労使関係制度の展開」佐藤百合編『インドネシアの経済再編』研究双書 No.537 アジア経済研究所，387〜420ページ。
30) CFA（2009）『世界における株主権の現状』56ページより引用。
31) 同上書，56ページ。
32) ICSA, HP（http://www.icsa-indonesia.org/ 2016年3月9日　閲覧）。
33) IDX, HP（http://www.idx.co.id/index-En.html 2016年3月7日　閲覧）。
34) Jakarta Post, Wanted：More local retail investors, 2013 May. 27（http://www.thejakartapost.com/news/2013/05/27/wanted-more-local-retail-investors.html 2016年3月9日　閲覧）。
35) Jakarta Post, IDX eyes 200,000 more retail investors this year, 2016 Jan. 26（http://www.thejakartapost.com/news/2016/01/26/idx-eyes-200000-more-retail-investors-year.html 2016年3月9日　閲覧）。
36) Jakarta Post, Wanted：More local retail investors, 2013 May. 27（http://www.thejakartapost.com/news/2013/05/27/wanted-more-local-retail-investors.html 2016年3月9日　閲覧）。
37) Jakarta Post, IDX eyes 200,000 more retail investors this year, 2016 Jan. 26（http://www.thejakartapost.com/news/2016/01/26/idx-eyes-200000-more-retail-investors-year.html 2016年3月9日　閲覧）。
38) IDX（2014）Annual Report 2014, Jakarta, Indonesia Stock Exchange, pp.39−

40.
39) CFA(2009)，前掲報告書，54〜56ページ．
40) 同上書，57ページ．
41) JETRO（2015），60〜62ページ．
42) 東京コンサルティングファーム，M&Aに関する法律・規制動向（http://www.kuno-cpa.co.jp/tcf/ 2016年3月6日 閲覧）参照．
43) 同上ホームページ．
44) JETRO（2015），前掲報告書，69ページ．
45) Transparency International, HP（https://www.transparency.org/ 2016年3月5日 閲覧）．
46) JETRO（2015），前掲報告書，45ページより引用．
47) 同上書，45ページ．
48) 井口直樹・芳川瑛子・Hamazha, Hanim・Ludmila, Olivia（2011），前掲論文，72ページより引用．
49) 同上書，72ページより引用．
50) Jakarta Post, Corporate Governance in Indonesia below ASEAN per, 2015 November 17（http://www.thejakartapost.com/news/2015/11/17/corporate-governance-indonesia-below-asean-par.html 2016年3月9日 閲覧）．
51) ACMF, HP（http://www.theacmf.org/ACMF/index.php 2016年3月9日 閲覧）．
52) ACGA, HP（http://www.acga-asia.org/index.cfm 2016年3月9日 閲覧）．
53) IFLR, How to improve Indonesian Corporate Governance, 2012 Oct. 4（http://www.iflr.com/Article/3098348/How-to-improve-Indonesian-corporate-governance.html 2016年3月9日 閲覧）．

参考文献

- 井口直樹・芳川瑛子・Hamazha, Hanim・Ludmila, Olivia（2011）「インドネシア」『監査役』No. 587，2011年8月25日．
- 佐藤百合（2004）「企業ガバナンス改革と企業の所有経営」佐藤百合編『インドネシアの経済再編－構造・制度・アクター』研究双書 No. 537 アジア経済研究所．
- JETRO（2015）『ビジネス法規ガイドブック（インドネシア）』2014年度海外制度調査，日本貿易振興機構．
 （https://www.jetro.go.jp/ext_images/world/reports/2015/pdf/bb00c40425eb253c/indonesia_business.pdf よりダウンロード）
- JETRO（2014）『2014年ネガティブリスト』日本貿易振興機構．
 （https://www.jetro.go.jp/ext_images/jfile/country/idn/invest_02/pdfs/indonesia_list.pdf よりダウンロード）
- CFA協会（2009）『世界における株主権の現状』．
- 帝国データバンク（2014）『第2回インドネシア進出企業の実態調査』帝国データバンク．

(http://www.tdb.co.jp/report/watching/press/pdf/p 140605.pdfよりダウンロード)
・　濱田美紀（2012）「第5章　インドネシアにおける債券市場の発展と金融部門の現状」柏原千英編『「アジア域内金融協力」再考：進展と課題』調査研究報告書，アジア経済研究所．
　　(http://www.ide.go.jp/Japanese/Publish/Download/Report/ 2011/pdf/ 107_ch 5.pdfよりダウンロード)
・　福井信雄（2013）『インドネシア会社法に関する報告書』長島・大野・常松法律事務所．
　　(http://www.moj.go.jp/content/ 000111051.pdfよりダウンロード)
・　水野広裕（2004）「第9章　労働者組織の台頭と労使関係制度の展開」佐藤百合編『インドネシアの経済再編』研究双書 No. 537 アジア経済研究所．
・　IDX（2014）*Annual Report 2014*, Jakarta, Indonesia Stock Exchange.
　　(available at：http://www.idx.co.id/Portals/ 0/StaticData/AboutUs/AnnualReport/FileDownload/ 20150611_FA_IDX-AR% 202014.pdf)
・　IDX（2015）*IDX Fact Book 2015*, Jakarta, Research and Development Division Indonesia Stock Exchange.
　　(available at：http://www.idx.co.id/Portals/ 0/StaticData/Publication/FactBook/FileDownload/ 20150918_FB- 2015.pdf)
・　National Committee on Government（2006）*Indonesia's Code of Good Corporate Governance*, Jakarta, Republic of Indonesia.
　　(available at：http://www.ecgi.org/codes/documents/indonesia_cg_ 2006_en.pdf)
・　Research and Development Division（2015）*IDX Statistics 2015*, Jakarta, Indonesia Stock Exchange.
　　(available at：http://www.idx.co.id/Portals/ 0/StaticData/Publication/Statistic/Yearly/ 20160202_IDX-Annually- 2015.pdf)

参照Webサイト
・　外務省　http://www.mofa.go.jp/mofaj/area/index.html（最終閲覧日：2015年2月20日）
・　JETRO　https://www.jetro.go.jp/world/（最終閲覧日：2016年2月20日）
・　東京コンサルティングファーム　http://www.kuno-cpa.co.jp/tcf/（最終閲覧日 2016年3月6日）
・　ACGA　http://www.acga-asia.org/index.cfm（最終閲覧日：2016年3月9日）
・　ACMF　http://www.theacmf.org/ACMF/index.php（最終閲覧日：2016年3月9日）
・　ICSA　http://www.icsa-indonesia.org/（最終閲覧日：2016年3月9日）
・　IDX　http://www.idx.co.id（最終閲覧日：2016年3月5日）
・　IFLR　http://www.iflr.com（最終閲覧日：2016年3月9日）

- Jakarta Post　http://www.thejakartapost.com/ （最終閲覧日：2016年3月9日）
- Transparency International　https://www.transparency.org/ （最終閲覧日：2016年3月5日）
- World Bank World Development Indicators　http://data.worldbank.org/products/wdi （最終閲覧日：2016年2月20日）

索　引

あ行

ISO委員会（ISO Mirror
　　Committee） ……………… 161
IMF構造調整政策 ……………… 41
ASEAN ………………………… 序1
ASEAN経済共同体（AEC）……… 序1
アセアンコーポレート・
　　ガバナンスアワード ……… 198
アノマリー ……………………… 7
アベノミクス …………………… 11
アメリカナスダックOMXグループ … 104
アングロサクソン型 …………… 3
ESG（Environment,
　　Social Governance）問題 … 3
ESG（環境・社会・ガバナンス）… 序4
委員会設置型
　　（指名委員会等設置型）…… 22
伊藤レポート ……………… 12, 17
失われた10年 …………………… 11
A株 ……………………………… 69
エージェンシー理論 …………… 5
ACGA（Asian Corporate
　　Governance Association）…… 61
SGX-エティエスETS …………… 104
SGXクエスト …………………… 104
ST銘柄 …………………………… 71
SDAQ（Securities Dealers
　　Automated Quotations）…… 68
H株 ……………………………… 69
NSST ……………………………… 78
N株 ……………………………… 69
M&A ……………………………… 序1
MNDホールディングス
　　（MND Holdings）………… 116
エンゲージメント ……………… 序3

か行

外国人事業法 …………………… 125
外国人投資条例 ………………… 89
会社共同体 ……………………… 16
会社登記委員会（CCM）………… 159
株式有限責任会社 ……………… 146
株主価値の最大化 ……………… 6
株主行動主義 …………………… 序3
韓国企業支配構造院（CGS）…… 39
監査等委員会設置会社 ………… 22
監査役 …………………………… 21
監査役会設置型 ………………… 22
監査役会設置型企業 …………… 20
監事会 …………………………… 73
監督と執行の分離 ……………… 21
企業信用情報公開システム …… 77
議決権行使助言会社 …………… 12
金融監督管理委員会（FSC）…… 88, 91, 93
KRX ……………………………… 34
経営者主義 ……………………… 5
契約の束 ………………………… 5, 7
工会 ……………………………… 75
公開株式会社法（Public
　　Limited Companies Act）… 123
工商行政管理総局 ……………… 72

205

「公正開示」(fair disclosure) 制度 …… 51	社外取締役 ………………………… 27
行動ファイナンス ………………… 7	ジャカルタ証券市場 …………… 184
効率的市場仮説 …………………… 6	上海証券取引所 ………………… 68
コード・オブ・コーポレート・ 　ガバナンス (CCG) …………… 105	従業員代表大会 ………………… 75
	集中投票制 ……………………… 51
コーポレート・ガバナンス委員会 　(企業支配構造改革委員会) ………… 61	循環出資 ………………………… 57
	証券委員会 ……………………… 148
コーポレート・ガバナンス 　ロードマップ ………………… 195	証券市場間競争 ………………… 6
	証券市場の機関化 ……………… 5
コーポレートガバナンス・ 　コード ……………………… 12, 147	証券店頭売買センター ………… 86
	証券投資家および先物取引者保護法 … 94
国務院国有資産監督管理委員会 ……… 72	証券取引委員会 (SEC) ………… 122
国家経済再生計画 ………………… 163	少数株主監視グループ (MSWG) … 148
国家資本投資公社 (SCIC) ……… 177	所有と経営の分離 ……………… 5
国家証券委員会 (SSC) ………… 170	地雷株 …………………………… 98
コミサリス会 …………………… 191	地雷株事件 ……………………… 89
Comply or Explain ……………… 20	新三会 …………………………… 75
コンプライアンス ………………… 26	シンガポール・テクノロジーズ … 116
	シンガポール経済開発庁 ……… 107
さ行	スキームオブアレンジメント … 114
サクセッションプラン 　(後継者計画) ………………… 25	ステークホルダー ……………… 序2
	政府系企業 (GLCs) …………… 116
三者結合体制 …………………… 137	世界金融公社 (IFC) …………… 180
Capital Asset Pricing Model ……… 17	説明責任 (Accountability) ……… 4
GTSM …………………………… 86	攻めのガバナンス ……………… 11
自己資本比率 …………………… 15	全国社会保障基金 ……………… 78
資本市場監視委員会 (Capital 　Market Supervisory Board) …… 123	総経理 …………………………… 73
	創櫃盤 …………………………… 86
資本市場監督庁 (BAPEPAM) ……… 185	**た行**
資本市場サービス法 …………… 146	
資本市場マスタープラン2 　(Capital Market Master plan 2) …… 序7	タイ経営者協会 (IOD) ………… 138
	タイ投資委員会 (BOI) ………… 125
指名委員会 ……………………… 20	中国証券監督管理委員会 (CSRC) … 71, 72
社員総会 ………………………… 174	中国石化工株式会社 …………… 82

索　引

TWSE …………………………………… 86
テマセク・ホールディングズ
　（Temasek Holdings）……………… 116
董事会 ………………………………… 73
投資者保護センター（SFIPC）………… 89
董事長 ………………………………… 73

な行

内部統制 ……………………………… 序2
ナジブ・ラザク ……………………… 149
日本版スチュワードシップ・コード … 17

は行

Power Theory（権力理論）……………… 7
B株 …………………………………… 69
非公開会社 …………………………… 146
非コモディティー系ファンド ………… 118
マレーシア投資開発庁（MIDA）……… 149
マレーシア会計基準審査会
　（MASB：Malaysian
　Accounting Standards Board）……… 159
証券委員会（SC）…………………… 159
ビッグディール ……………………… 54
1人有限責任会社 …………………… 172
非流通株 ………………………… 69，76
ファミリービジネス ………………… 131
2人以上の有限責任会社 …………… 172
腐敗インデックス …………………… 179

プリンシプルベースアプローチ
　（原則主義）………………………… 23
報酬委員会 …………………………… 20
法と経済 ……………………………… 5

ま行

マレーシア腐敗防止委員会法 ……… 160
民商法（Civi and Commercial
　Code）……………………………… 123
メインバンク ………………………… 15
モラルハザード ……………………… 15

や行

ユーレックス ………………………… 104
UPCoM市場 ………………………… 172

ら行

ライン型 ……………………………… 3
リーマンショック …………………… 11
リスクマネジメント ………………… 26
緑色選択連盟 ………………………… 82
倫理経営憲章 ………………………… 57
累積投票制度 ………………………… 134
老三会 ………………………………… 75

わ行

ワークアウト ………………………… 54

207

編著者・著者紹介 (執筆順)

三和裕美子(みわ　ゆみこ)
明治大学商学部　教授　博士(商学)
大阪市立大学大学院経営学研究科後期博士課程単位取得退学
ミシガン大学客員教授(2006年〜2008年)
主著書:『機関投資家の発展とコーポレート・ガバナンス』(日本評論社,1996年),『アメリカ型企業ガバナンスの国際化』(共著,渋谷博史他編,東京大学出版会,2002年),『金融ヘゲモニーとコーポレート・ガバナンス』(共著,丑山優・小林康弘・熊谷重勝編,税務経理協会,2005年),*Corporate Governance in Japan*(共著,出見世信之・三和裕美子・名越洋子・中林真理子編,シュプリンガフェアラーク東京,2006年),『ファンド規制と労働組合』(共著,野中郁江編,新日本出版,2013年)
序文・第1章担当

藤田純孝(ふじた　すみたか)
日本CFO協会理事長,明治大学国際総合研究所フェロー,オリンパス(株)社外取締役,古河電気工業(株)社外取締役
1965年神戸大学経済学部卒業,伊藤忠商事(株)入社。1995年取締役業務部長,97年常務取締役,99年代表取締役専務CFO,2001年代表取締役副社長兼CFO兼経営企画・財務・経理・審査担当役員,2003年代表取締役副社長職能管掌兼CFO,2006年取締役副会長,2008年相談役,2011年理事(現任)。2007年より複数企業の社外取締役を務める。
主著書:『CFOの挑戦』(藤田純孝編,ダイヤモンド社,2015年)
第2章担当

大津健登（おおつ　けんと）
立教大学経済学部兼任講師，明治大学商学部兼任講師，関東学院大学経済学部非常勤講師，博士（商学）
高麗大学大学院（明治大学協定校留学），明治大学大学院商学研究科博士後期課程修了
主著書：『東アジア地域協力の共同設計』（平川均他編，西田書店，2009年）『世界経済の解剖学』（福田邦夫監修，法律文化社，2014年），『現代アジア・アフリカ政治経済論』（福田邦夫・大津健登編，西田書店，2015年），『新・アジア経済論』（平川均他編，文眞堂，2016年）
第3・6・7章担当

野地もも（のじ　もも）
明治大学大学院商学研究科博士後期課程在学中，修士（商学）
第4・5・9章担当

山中達也（やまなか　たつや）
明治大学商学部兼任講師，立教大学経済学部兼任講師，千葉商科大学商経学部非常勤講師，横浜市立大学国際総合科学部非常勤講師，博士（商学）
チュニス大学大学院経済商学研究科中退，明治大学大学院商学研究科博士後期課程修了, (財) 日本エネルギー経済研究所中東研究センター外部研究員（2013年〜2016年）。
共著書：『世界経済の解剖学』（福田邦夫監修，法律文化社，2014年），『現代アジア・アフリカ政治経済論』（福田邦夫・大津健登編，西田書店，2015年）
第8章担当

深澤光樹（ふかさわ　みつき）
東洋大学経済学部助教，博士（商学）
明治大学大学院商学研究科博士後期課程修了
主著書：『現代アジア・アフリカ政治経済論』（福田邦夫・大津健登編，西田書店，2015年），『新・アジア経済論』（平川均他編，文眞堂，2016年）
第10章担当

編著者との契約により検印省略

| 平成28年12月20日　初版第1刷発行 | 東アジアとアセアン諸国の
コーポレート・ガバナンス |

編著者　三　和　裕美子
発行者　大　坪　嘉　春
印刷所　税経印刷株式会社
製本所　牧製本印刷株式会社

発行所　〒161-0033 東京都新宿区下落合2丁目5番13号　株式会社 税務経理協会

振　替　00190-2-187408　　電話　(03)3953-3301（編集部）
ＦＡＸ　(03)3565-3391　　　　　　(03)3953-3325（営業部）
　　　　URL　http://www.zeikei.co.jp/
乱丁・落丁の場合は、お取替えいたします。

Ⓒ　三和裕美子　2016　　　　　　　　　　　Printed in Japan

本書の無断複写は著作権法上での例外を除き禁じられています。複写される場合は、そのつど事前に、（社）出版者著作権管理機構（電話 03-3513-6969、FAX 03-3513-6979、e-mail: info@jcopy.or.jp）の許諾を得てください。

JCOPY ＜（社）出版者著作権管理機構 委託出版物＞

ISBN978-4-419-06403-7　C3034